LLOYD & LELAND LLEWELLYN

US State Activity Book 3

Get Me Out of this State!

Copyright © 2023 by SHRDLU Publishing

All rights reserved. No part of this publication may be reproduced, stored or transmitted in any form or by any means, electronic, mechanical, photocopying, recording, scanning, or otherwise without written permission from the publisher. It is illegal to copy this book, post it to a website, or distribute it by any other means without permission.

SHRDLU Publishing asserts the moral right to be identified as the author of this work.

SHRDLU Publishing has no responsibility for the persistence or accuracy of URLs for external or third-party Internet Websites referred to in this publication and does not guarantee that any content on such Websites is, or will remain, accurate or appropriate.

Designations used by companies to distinguish their products are often claimed as trademarks. All brand names and product names used in this book and on its cover are trade names, service marks, trademarks and registered trademarks of their respective owners. The publishers and the book are not associated with any product or vendor mentioned in this book.
None of the companies referenced within the book have endorsed the book.
First edition

Dedicated to those who enjoy the fun of simple mazes ...

L & L

Alaska – AK

Entered Union: 1959
Nickname: The Last Frontier
Motto: "North to the Future"
Bird: Willow Ptarmigan
Plant: Forget-me-not
Capital: Juneau

Alaska

```
R D P Q S B E R I N G S E A C N P C A Z
T E O K F Z D B R N C G P U T V T H G P
Q N D W H A T M A V A P Y A P R O A R S
B A I G D P I V L A S T F R O N T I E R
X L I R R Q X R G H B C P U P J A P Q P
F I O Q U G F U B X X W G D A U L V Z X
E Q P U N V C P Y A R K N H A N E C N P
S I V X D S V Z Y Y N Z U X X E U Y O M
T I D I T A R O D C I K V R G A T N B T
K V B W I Q P Q M M T E S H S U I D G S
E Y E P X S C Q U K M M Q A N K A V P G
N N O R T H E R N L I G H T S D N G V T
A E S I N X Q F B X Y Z B N X U I P N P
I S A A B R A P B O B R O S S B S W E I
F K Z K E T D N H A D N C A L C L C Y Z
J I W O N L O O N F P C H L G Q A L R U
O M F U H M V M O U N T M C K I N L E Y
R O L Z Y L A N C H O R A G E K D B N J
D A K X O W H O M E R M C J S R S L A D
S S Q G R I Z Z L Y B E A R S O J K U E
```

HOMER	IDITAROD	GRIZZLYBEARS
JUNEAU	ANCHORAGE	LASTFRONTIER
ESKIMO	FAIRBANKS	MOUNTMCKINLEY
DENALI	BERINGSEA	NORTHERNLIGHTS
BOBROSS	KENAIFJORDS	ALEUTIANISLANDS

AK Fun Fact - The state's name comes from the Aleut word "Alyeska," meaning "great land."
Rotate

Alabama - AL

Entered Union: 1819
Nickname: Yellowhammer State
Motto: "Audemus jura nostra defendere" (We dare defend our rights)
Bird: Yellowhammer
Plant: Camellia
Capital: Montgomery

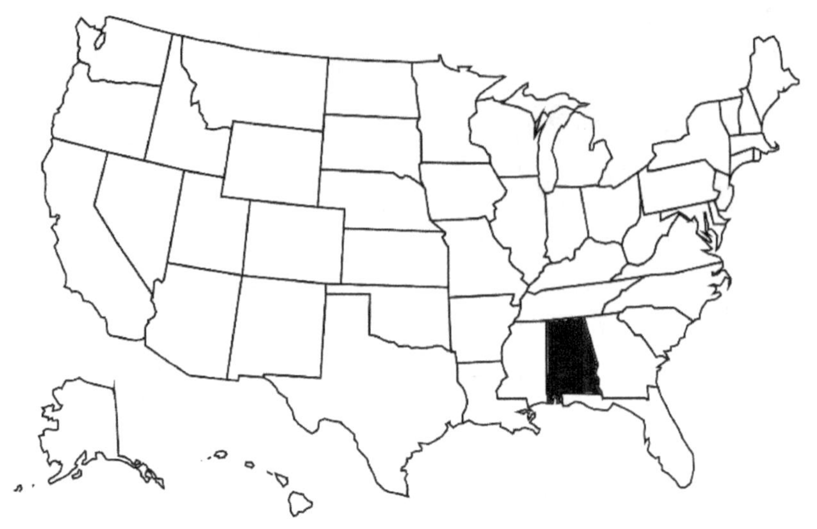

Alabama

```
H T S B I B T C I V I L R I G H T S N M
P A D Z I H N U Y Z H U N T S V I L L E
L C N G I Q P L W R M C Y S R N L J O U
L I I K Y X X M L X G O T K B R K N U R
W K H H A E G Y O J F R B B S D K H B X
W R Q F T A L O R N Q V K I B X C L I K
W N O D G G R L K O T N J X L T A Z R M
D J A S U A G O O K G G Z Z X E Q U M H
S S K T A E D G N W H K O N R Y B A I W
U A A V K P C C H E H F B M F L M L N L
L I U C G I A A R Q U A Y A E Z B H G G
S L B V X K N R M I W Y M G R R Z H H C
E Y U D H Z I G K E M S M M U E Y A A X
L D R G E T B C C S L S U A E E C R M G
M Q N X E A T C H O L I O C J R K P G Q
A K O J W J N T M U L Y A N F V B E A W
F C C W Z H W T K E F E M N T P S R E Z
H N T U S C A L O O S A V Q B I P L C V
N I R O J N U L Q Q L X M F I Q D E K U
E Z N I Y U W U L X J O T W X L L E H Z
```

SELMA   ROSAPARKS   TUSCALOOSA
MOBILE   HANKAARON   CRIMSONTIDE
AUBURN   BIRMINGHAM   NATKINGCOLE
CAMELIA   MONTGOMERY   CIVILRIGHTS
HARPERLEE   HUNTSVILLE   YELLOWHAMMER

AL Fun Fact - Alabama workers built the
first rocket that put humans on the moon.

Arkansas - AR

Entered Union: 1836
Nickname: Natural State
Motto: "Regnat populus" (The people rule)
Bird: Northern Mockingbird
Plant: Apple Blossom
Capital: Little Rock

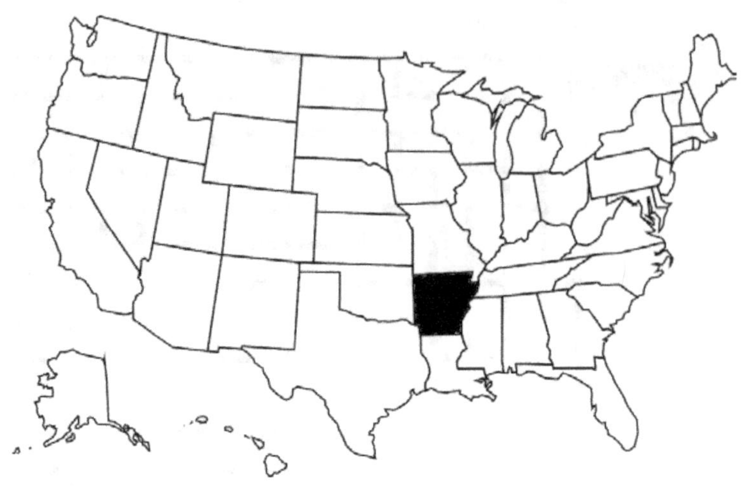

Arkansas

```
G O S S F A Y E T T E V I L L E E P C A
V E H K M O K G A T B D J A F M O U I A
H J O N V Q C N J H D L I Y Q T L F D S
F W T T L J G T P I N E B L U F F P T I
J C S I Q I L W L W A L M A R T C Z Z L
G T P C X P T B N I M S M F Y I Y H P S
W Y R J A G L T J D W X F I Z F I O K L
K S I H B M V K L Y I N W D M F C U U U
U O N R D V B X P E E A U M K D L A B P
L N G W B W E E C I R Z M M H N J C R L
O F S A O N U I N I L O M O D J B H O I
Z O D O S H Z H S T W J C O N A L I W X
A O A Y E N H P O W O D I K E D L T N U
R D R P D T X H H Q O N A H X H S A V E
K S H W E T T F R X T Z V L N H V Q B P
S A B K S Q O L O V T E K I G B C R O F
J O K J O H N N Y C A S H C L R H P A T
F I T S Q P I G Q J Q I A E U L E O R A
O S K B I L L C L I N T O N P U E E D C
J O N E S B O R O V D Q F F Y V Z D N E
```

OZARKS	JONESBORO	TYSONFOODS
ALGREEN	PINEBLUFF	BILLCLINTON
WALMART	LITTLEROCK	BENTONVILLE
OUACHITA	JOHNNYCASH	BROWNVBOARD
DIAMONDS	HOTSPRINGS	FAYETTEVILLE

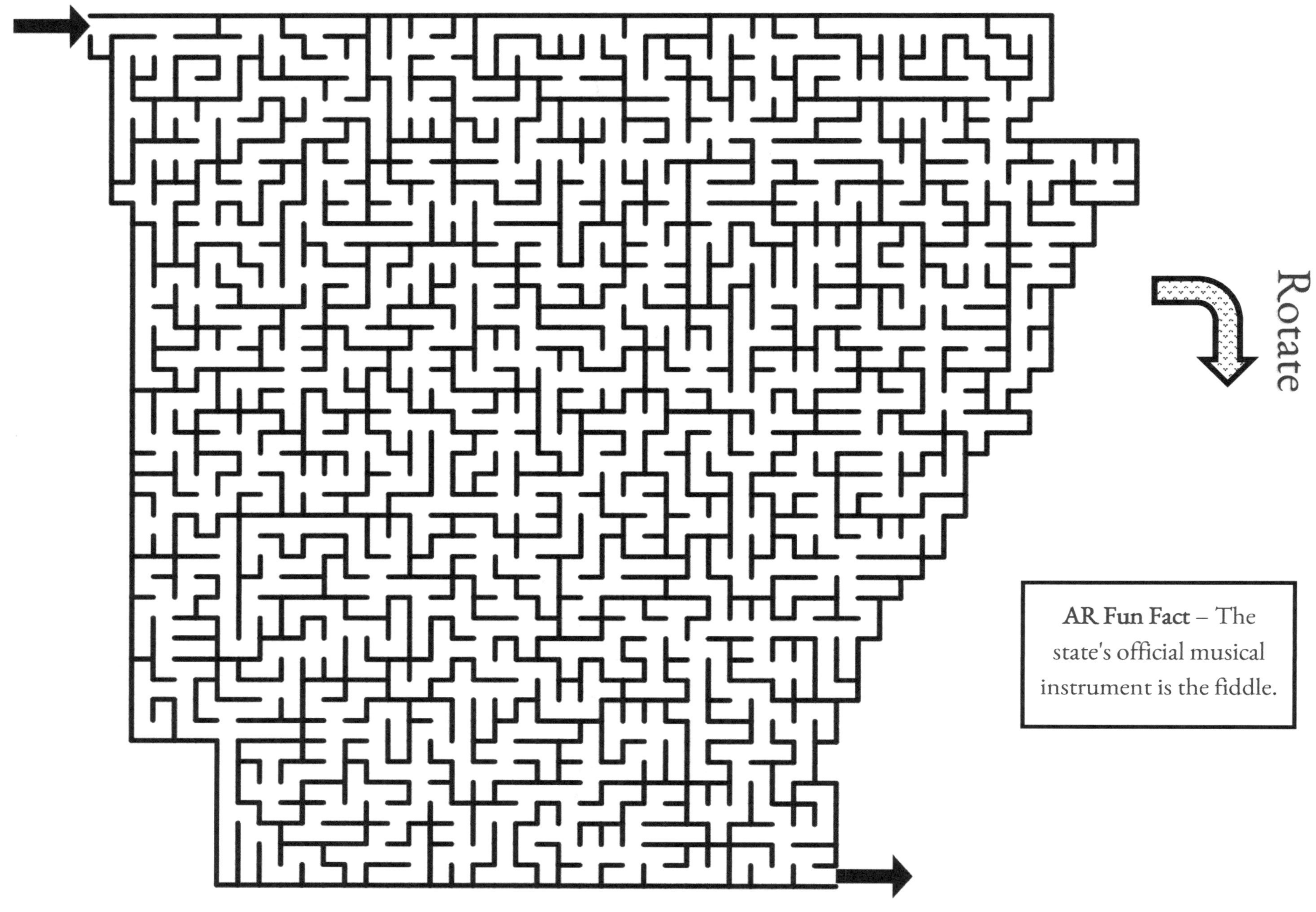

Rotate
AR Fun Fact – The state's official musical instrument is the fiddle.

Arizona – AZ

Entered Union: 1912
Nickname: Grand Canyon State
Motto: "Ditat Deus" (God enriches)
Bird: Cactus Wren
Plant: Saguaro Cactus Blossom
Capital: Phoenix

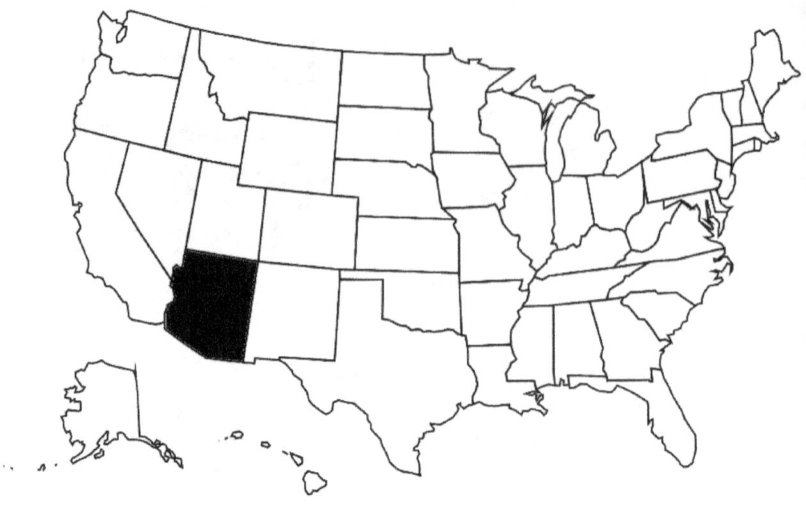

Arizona

```
I S O Y U R S C O T T S D A L E H U L I
U R A X H A P V Q J J T N N M G Z R F G
P Y Y G S V H O O V E R D A M G M U B E
B E V Q U A J Q H H X I X S Y G C S T P
E A T P V A N F V U E Q B R K C V M Y L
V O T R M D R D M C A F A H I T A Y X B
N T G I I O N R L P Z P C J R Y V Q K
R F D U R F N F V A G H T X G C F A D D
X E R Q L Z I U E W D E O U Y T Y I L W
E B G W G K R E M Y Q A R E C M V X P B
X S E V W W M H D E V Q Y O N S D U K O
C D W Z H X G E T F N E R O N I O V C K
C A M E L B A C K O O T I I C I X N Y C
G X Z E P E Z L A L M R V T V O M C X O
Q N Z T J M Z B G G F B E A P L N O X R
A N F J L E L G L P V P S S L E P N H A
Q A A M D S Y C Q Y V Z X T T L O X O L
G D C R B A D F H M R S S C O I E R O R
S Y W I Z W U C V X T T S T Q N P Y I Z
U G R A N D C A N Y O N S R V V E X D A
```

MESA	SAGUARO	SCOTTSDALE
TUCSON	GERONIMO	GRANDCANYON
PEORIA	TOMBSTONE	MONUMENTVALLEY
PHOENIX	HOOVERDAM	PETRIFIEDFOREST
OKCORAL	CAMELBACK	SANDRADAYOCONNOR

AZ Fun Fact - The state is home
to the world's largest solar
telescope, located at Kitt Peak
National Observatory.

California – CA

Entered Union: 1850
Nickname: Golden State
Motto: "Eureka" (I have found it)
Bird: California Quail
Plant: California Poppy
Capital: Sacramento

California

```
V U H R Z W Y Z D D H P K H N Y I U G S
V E D Z I W O Z P O B O D K V L B U H A
A S U L D J V K X U T S L A M N E Q M P
N I N B N C Q O F A K R C L E Y C Z J P
F L J F Q G Z K Y Z X M E N Y Z R A A L
F I C R E D W O O D S R U I R W E Z U E
J C Y W I I D O D G E R S C R N O T Y M
D O X S A C R A M E N T O L A J Q O O J
H N O J N R A H A S L A N V Y K E G D M
L V W U G V G J S S B R U C E L E E K C
O A I Y L Q M V D E W S A N D I E G O K
S L E P G O L D E N G A T E B R I D G E
A L W F N A P A V A L L E Y C S D M W K
N E Z S E F N L O G F A C E B O O K E Z
G Y J M X V C K Y O S E M I T E Q G O N
E R T C N Y M A R I L Y N M O N R O E E
L F C R C N Q V S W I E L P I K Y U H T
E X S K E H G O O G L E X V B Z J Z E P
S C V R Q M M I I V M T K U D J P L C N
E M R L J N M J W M N L P J D F V Q O E
```

APPLE	REDWOODS	SACRAMENTO
GOOGLE	FACEBOOK	NAPAVALLEY
DODGERS	YOSEMITE	SILICONVALLEY
BRUCELEE	HOLLYWOOD	MARILYNMONROE
SANDIEGO	LOSANGELES	GOLDENGATEBRIDGE

CA Fun Fact - California is the birthplace of the internet, as the first message was sent from UCLA to Stanford Research Institute in 1969.

Colorado - CO

Entered Union: 1876
Nickname: Centennial State
Motto: "Nil sine numine"
(Nothing without the Deity)
Bird: Lark Bunting
Plant: Rocky Mountain
Columbine
Capital: Denver

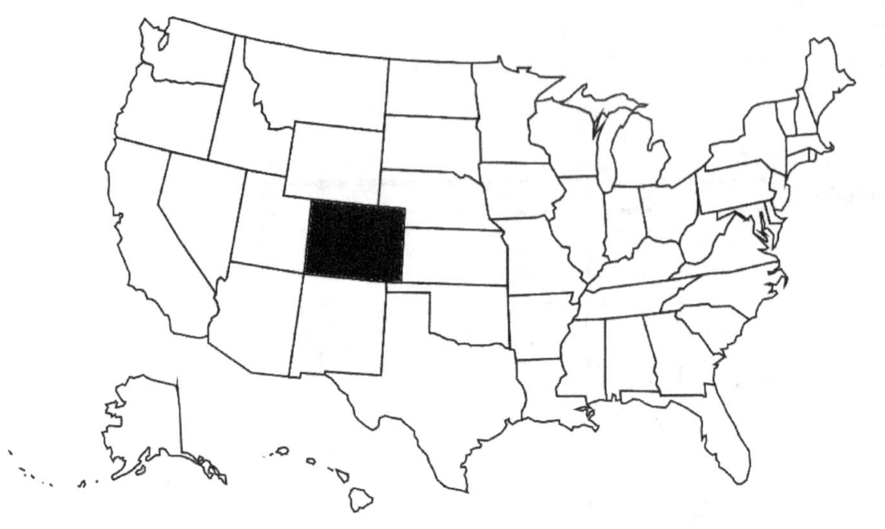

Colorado

```
U G Q I Y S W G H I F R M R V M Q D Z L
R Z G X K P U W D G P I K E S P E A K Z
M A F A D J D W A S P E N F K D O P U B
H Q O X R W U W E S T E R N U N I O N O
J L N G W D E C B T J O H N D E N V E R
G H S C T M E S H Y G E R A L D F O R D
F W Q C O T I N T W M W L C Q M J H B G
B O P Q N L D L O M W K G Y D M F W G M
V D R D X W O Z E F I K S L M J J Y V Q Z
C R O T B G S R F H T N R P P Y N T L S
P R F K C O L V A J I H S I R J T K U G
T S B K R O U E E D C G E T G W H X M X
W Z Q H P S L L N F O Y H G E Y Q T H Z
L Q T V L U Z L D N P S D C O R B B Z U
F B B C J Y E O I E M G P U I D O R W C
H C A F T U N B T N R I F R E T S O M B
P M R T N R O T L S S P L W I C Y N O L
J J A F L H I L N O B G B L V N M C F H
O V T F O H W C B P S X R G E J G O A P
J G A Q R O C K I E S P M E Q R T S F M
```

ASPEN	PIKESPEAK	WESTMINSTER
PUEBLO	JOHNDENVER	MILEHIGHCITY
BOULDER	GERALDFORD	WESTERNUNION
ROCKIES	FORTCOLLINS	COLORADOSPRINGS
BRONCOS	GLENNMILLER	GARDENOFTHEGODS

Rotate

CO Fun Fact - Colorado is home to the highest paved road in North America, reaching an elevation of 14,258 feet on Mount Evans.

Connecticut – CT

Entered Union: 1788
Nickname: Constitution State
Motto: "Qui transtulit sustinet"
(He who transplanted still sustains)
Bird: American Robin
Plant: Mountain Laurel
Capital: Hartford

Connecticut

```
D M B R I D G E P O R T M B R Z R N I T
P B G Z N E Q T R A V E L E R S S O D R
H E Q D N H L N B P S Q T F C V R R W C
M L E F N W C G C B U H S N K J O W V P
A O S Y C O H G K Q J A I Z T O G A C O
K L P F B Q A B E D W E F R M X E L E W
H L N Z M H Y H O O P I E Y I N R K Y B
B I B Q M G R C W I R U Z M A Q S Y X V
V P E V H M T W B E B G A Z K O P Y L P
Z O C C F T E O O E B A E O U Z E M Q V
R P L D D E A E G A E S Q W P C R C E B
E G H Y L V M P W B K V T N B A R R E M
V I Q V N P E Z C A N D Y E W U Y W R M
L U P H A R T F O R D Q V T R X S D R I
Y G E N E R A L E L E C T R I C E H Y V
F J R T K A T H A R I N E H E P B U R N
Y A L E U N I V E R S I T Y J I Y W E G
M Z U J V L W G G L X C F U F X D E B B
Z H I N S U R A N C E L Q A U Z Z R D G
D D A N S T A M F O R D Y M K F S W C U
```

ESPN	LOLLIPOP	NOAHWEBSTER
NORWALK	INSURANCE	ROGERSPERRY
HARTFORD	TRAVELERS	YALEUNIVERSITY
STAMFORD	BRIDGEPORT	GENERALELECTRIC
PEZCANDY	GEORGEWBUSH	KATHARINEHEPBURN

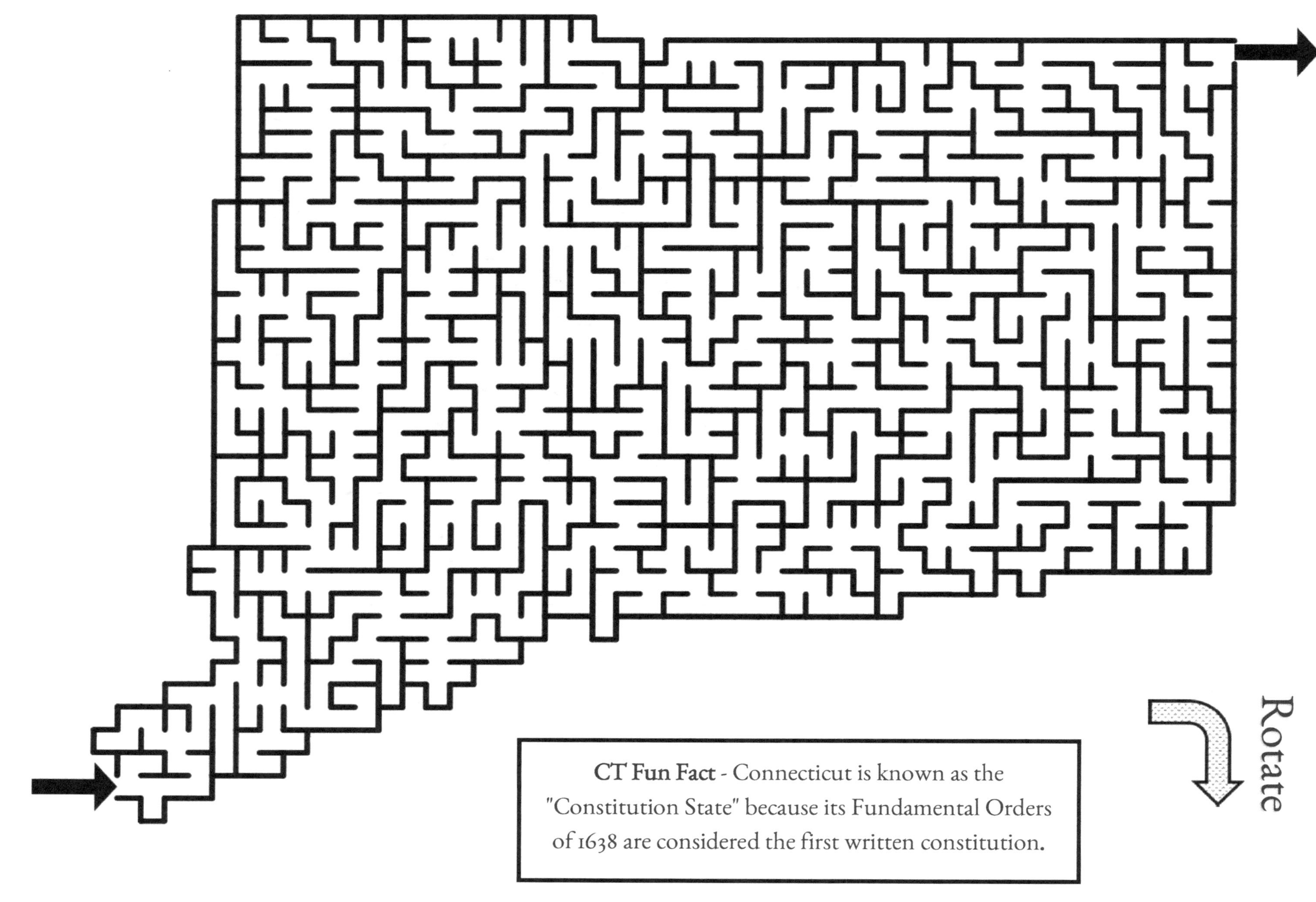

Rotate
CT Fun Fact - Connecticut is known as the "Constitution State" because its Fundamental Orders of 1638 are considered the first written constitution.

Delaware - DE

Entered Union: 1787
Nickname: First State
Motto: "Liberty and Independence"
Bird: Blue Hen Chicken
Plant: Peach Blossom
Capital: Dover

Delaware

```
U I M H X M I S U S E A F O R D M W I C
S H F I R S T S T A T E E T U K I Q E S
B N O D F H C A L C I B X Q O A E N B N
G E V R Z G C E B V I V P Q M L U J P N
X W O U S A E P G C X H A N W M E B U X
D A S H S E S O M K W U G F P A V W N B
O R Q F O N S U R I J N J P Q R H X K Q
V K U T V W Q H N G L D J G O N F R I A
E U L P Q H Q G O N E F F U I Y O E N H
R S D Y Z A O U U E K T O Q K C Y H C U
U E I A E D L T T S C K O R A K G O H Q
U D O V E R D O W N S R O W D E E B U C
G I A G J P A D Z Q O X A K N L I O N B
W I L M I N G T O N T I F B W T Z T K Q
M J Q S Z D U P O N T L H E S N N H I M
S L I P P E R Y D U M P L I N G O B N T
W D U Z D K N A V V C O E H L X H E B K
R S C Q E J V S X I G R E K L D N A V R
O R N Q F R Y Q P F S Z W L B N P C L I
H J R J P M O R G A N C H A S E O H A V
```

DOVER	WILMINGTON	PUNKINCHUNKIN
NEWARK	GEORGETOWN	REHOBOTHBEACH
DUPONT	DOVERDOWNS	JPMORGANCHASE
SEAFORD	FIRSTSTATE	HORSESHOECRABS
MILFORD	KALMARNYCKEL	SLIPPERYDUMPLING

DE Fun Fact - Delaware is the second smallest state by land area.

Florida - FL

Entered Union: 1845
Nickname: Sunshine State
Motto: "In God We Trust"
Bird: Mockingbird
Plant: Orange Blossom
Capital: Tallahassee

Florida

```
I T S I D N E Y P O I T I E R N A Y E W
Y S Y B U C C A N E E R S A B M I O V X
B O Y G K C J A N E T R E N O G D E E U
N R E C L Z N U T B U R X T J A V T R L
I C U N I V E R S A L Z G E O T E L G Z
D I S N E Y W O R L D G H D A O B V L E
E G E R B X S W O P P Y L J K R U M A K
A Q Z E B Y L P B L Q W Q V D A U D D N
F O R T L A U D E R D A L E F D R A E G
B G W R F H A P B M Z B C Y G E E Y S X
R T Y D K V T F Z N T E F Z G L V T X Q
C X G E K G G B O B R O S S N F N O R C
K E N N E D Y S P A C E C T R E L N B H
V X B B W P U B U T H G O F W M R A D D
W N J C B O P S Q U D R C Z O D I A L S
V N N O V T D A Q U D T Q R C T S A R I
L H C P Z F O O I P A B L N O N Z I M H
D J Y X M R O E U I W L R I T U A X S I
Z M H H C T A L L A H A S S E E H S J N
V X N D J A C K S O N V I L L E F Q A N
```

NASA	UNIVERSAL	DISNEYWORLD
MIAMI	JANETRENO	JACKSONVILLE
DAYTONA	EVERGLADES	SIDNEYPOITIER
BOBROSS	BUCCANEERS	FORTLAUDERDALE
GATORADE	TALLAHASSEE	KENNEDYSPACECTR

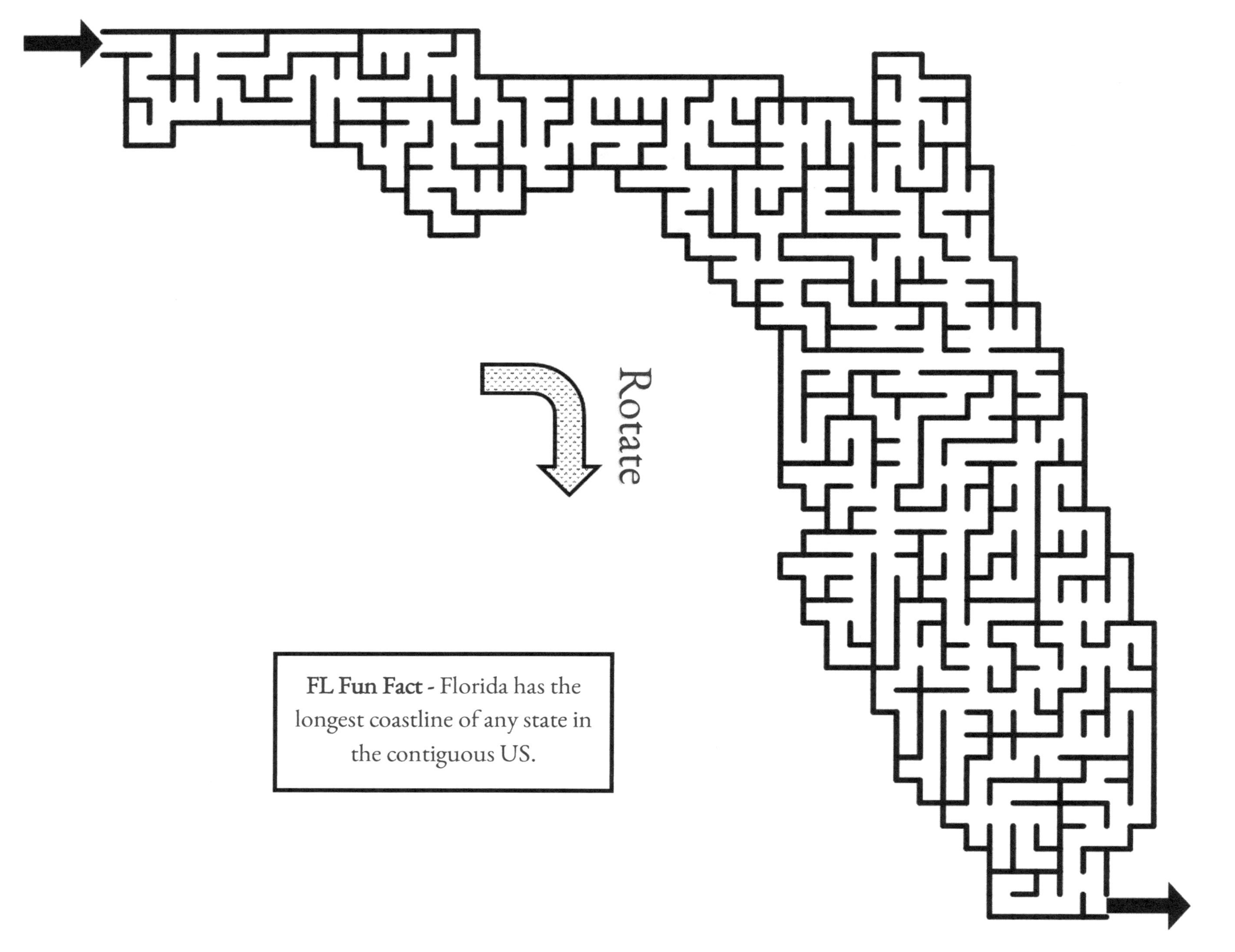

Rotate
FL Fun Fact - Florida has the longest coastline of any state in the contiguous US.

Georgia - GA

Entered Union: 1788
Nickname: Peach State
Motto: "Wisdom, Justice, Moderation"
Bird: Brown Thrasher
Plant: Cherokee Rose
Capital: Atlanta

Georgia

```
U Q H L O R E G T J I M M Y C A R T E R
S A G E E C H E E K U N D A E M A C O N
G U T A F K I M R V A L D O S T A I Y U
M T C H C Q J A Q K L Z E C H P Q Y U W
A S M A E Y G R B E R J V Z I P M B S O
O T S C F N C T T N F A H P M X G T L R
K C L D E D S I C H K F U G C P B Y B X
E R R A O Z K N C R E M I G U Z N C B P
F A A Z N V L L R Y P V V B U S G O H Y
E I W Y A T K U T S Y S A C B S J B O J
N S D O C X A T F E X E Z R J W T B Y Y
O W R Z R H Y H G P H C Q R S W I A Q O
K E K R X Z A E B A O Y F S W I K S F G
E E Q E Y Q V R W X L E A B V W T K M K
E T U D I U F K L I I E O B A Z T Y G F
J T L E Z H A I W E C O C A C O L A S F
W E U A T E N N D Z S R L U W U C B J D
C A I X I O G G U S A V A N N A H S G B
T D U Y A P Z J T T M W T E I N A C Q B
M U E U R M J R Y H C E J W H D V H S V
```

MACON	SAVANNAH	THEVARSITY
ATHENS	VALDOSTA	OKEFENOKEE
TYCOBB	COCACOLA	JIMMYCARTER
ATLANTA	SWEETTEA	GEECHEEKUNDA
AUGUSTA	RAYCHARLES	MARTINLUTHERKINGJR

GA Fun Fact - The state's official reptile is the gopher tortoise, which can live up to 80 years.

Hawaii - HI

Entered Union: 1959
Nickname: Aloha State
Motto: "Ua mau ke ea o ka aina i ka pono" (The life of the land is perpetuated in righteousness)
Bird: Nene (Hawaiian Goose)
Plant: Yellow Hibiscus
Capital: Honolulu

Hawaii

```
A K W K I L A U E A V R A X Z N B T K D
M L B H W S O R Y E W D G H I L O E L P
M W C D D O N H O M A H Z H Y Z F Y P N
H S Y I K E K M M G I E A Y C F B I E J
M Y V A J A M A U N A L O A I Q A P A P
A V O M N D G L O W N K V A W C E X R A
G D C O P N P N J A A Z O R B Q O H L F
O C U N K C F A O I P T L K A U I M H Y
G N F D A J P V W K A E I G R D X X A T
M E Z H M B M H H I N T D M A T S G R F
C A N E E O A Z O K A T B E C C R Z B Z
V I F A H Z U F N I P D S R K H S T O O
L W B D A F I O O I A K R J O X F I R Q
H K M T M Y M T L U V Z T A B C M S J E
L A Y P E I A A U U X I E O A R C U Z S
B H M M H A Z F L U U E N V M G Z N Q D
Z U P T A I P N U O F X S U A O V O O O
P L W A I L U K U B H A Q B F K V K Y Q
Q U X E H B E W U M L A I S I B M X W A
M I K Q N K G P Q R K A P B R M G Z O K
```

HILO	WAILUKU	KAMEHAMEHA
MAUI	KILAUEA	DIAMONDHEAD
DONHO	WAIKIKI	PEARLHARBOR
ALOHA	HONOLULU	BARACKOBAMA
KAHULUI	MAUNALOA	WAIANAPANAPA

Rotate

HI Fun Fact - Hawaii has its own time zone, Hawaiian Standard Time, and does not observe Daylight Saving Time.

Iowa - IA

Entered Union: 1846
Nickname: Hawkeye State
Motto: "Our liberties we prize and our rights we will maintain"
Bird: American Goldfinch
Plant: Wild Rose
Capital: Des Moines

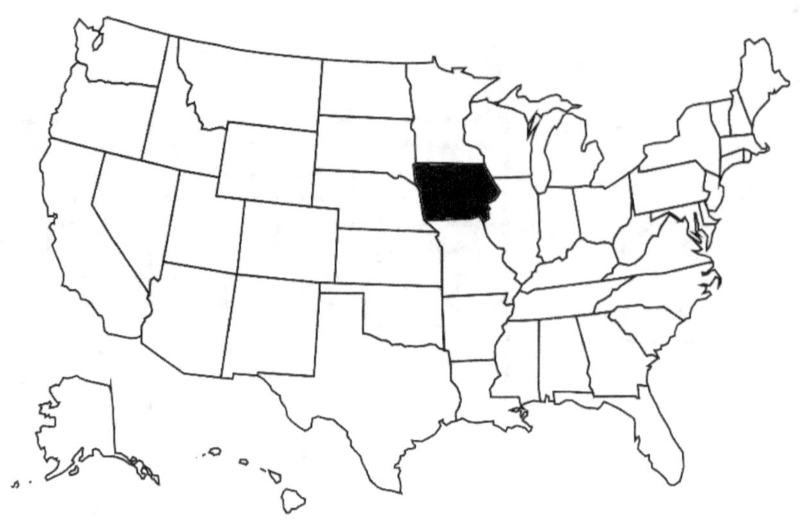

Iowa

```
E G V H E R B E R T H O O V E R F V B K
B N R J O H N D E E R E E K Y E Y C D L
G O U A E H W A T E R L O O V Z W Z S M
X I N G N C U O H Q T D E S M O I N E S
C R D N Q T W N O B M Q E Y W Z D E V C
A U U N I S W D T V X H C N B F F F V C
T J D G A E H O F X H I C C K S D X F Q
P I K K G S A M O T U R Z Z N I B T W E
Z X M E V U M N X D W X A T C O R J L C
T R U H Y V E E D G L O Y L O U L N H I
R G F E L A Y Y Y C V V Z O Y X R X J T
R B N Y N C W Y Q H L L X P D C E V C I
P H A W K E Y E S W G Y N U B I J U Y Q
H L O R E G T S E G U A D F K T I R C I
Y U M T C M U S I C M A N E C Y Q J L Q
K L Z E C A S H T O N K U T C H E R O H
P Q Y U W C E D A R R A P I D S S M N A
Y G B E R J V Z I P M B S O S C F C E N
F E F F I G Y M O U N D S H P M X G S L
R C D E D J O H N W A Y N E C K F G C P
```

HYVEE	DESMOINES	CEDARRAPIDS
WATERLOO	GRANTWOOD	EFFIGYMOUNDS
HAWKEYES	SIOUXCITY	ASHTONKUTCHER
CYCLONES	JOHNDEERE	HERBERTHOOVER
MUSICMAN	JOHNWAYNE	BONNIEANDCLYDE

Rotate

IA Fun Fact - The world's largest truck stop, Iowa 80, is located in Walcott.

Idaho - ID

Entered Union: 1890
Nickname: Gem State
Motto: "Esto perpetua"
(Let it be perpetual)
Bird: Mountain Bluebird
Plant: Syringa
Capital: Boise

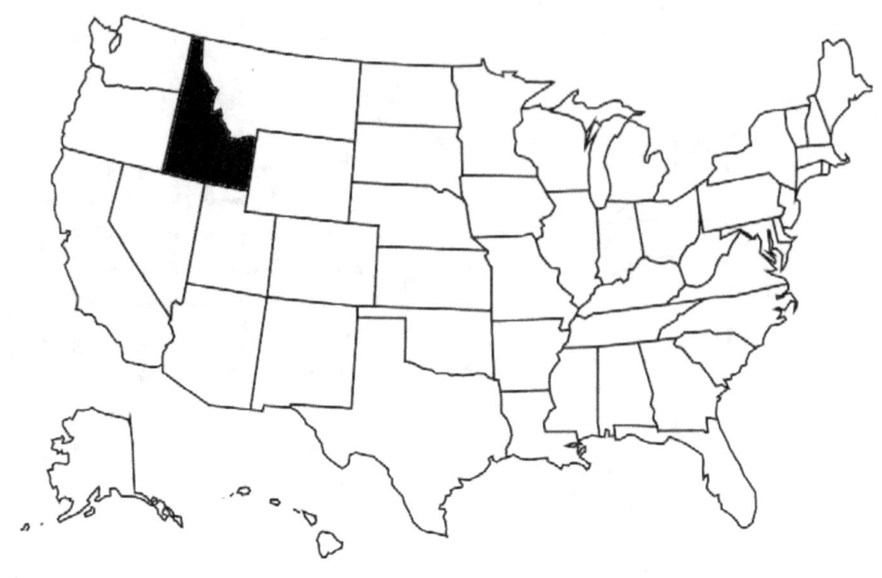

Idaho

```
U B J U Q P H L O R E G T S E G U A F K
I R I Y S S H O S H O N E F A L L S U M
T C C Q A J Q I K H E L L S C A N Y O N
L Z E T L C H P L Q Y U W S M A Y G B E R
R J V W M Z I P M O B S O S C F C N F H
Y P M I O X P G L R F C D E D C K B F G
E C P N N B O B P O C A T E L L O O X R
L O Z F C K T C R M I U R Z N B P I A Z
L V I A H L A R Y P V B S N G H Y S I W
O A D L A K T T S Y S C B J S O J E D O
W A A L L X O F E X E Z J W Y W Y R Z R
S L H S L Y E G P H C Q M O S C O W R W
T B O I I Q S O K R X Z B A O Y F R S W
O E F K S S F G Q E Y Q V W X L E A T B
N R A V W E Z R A T A F T B E N S O N H
E T L K M K U D I U S N A K E R I V E R
F S L I I E O B A Z T G F J L E Z H A W
S O S F W U A T E C O E U R D A L E N E
N N D Z R L U W U C B J D C I X I O G U
S S G B T D U Y A P Z T T M W T E I N A
```

BOISE	SNAKERIVER	HELLSCANYON
MOSCOW	IDAHOFALLS	SALMONCHALLIS
POTATOES	ALBERTSONS	SHOSHONEFALLS
POCATELLO	YELLOWSTONE	EZRATAFTBENSON
TWINFALLS	COEURDALENE	PHILOFARNSWORTH

ID Fun Fact - Idaho is home to the
deepest river gorge in North America,
Hells Canyon, which is deeper than the
Grand Canyon.

Illinois - IL

Entered Union: 1818
Nickname: Praire State
Motto: "State sovereignty, national union"
Bird: Northern Cardinal
Plant: Violet
Capital: Springfield

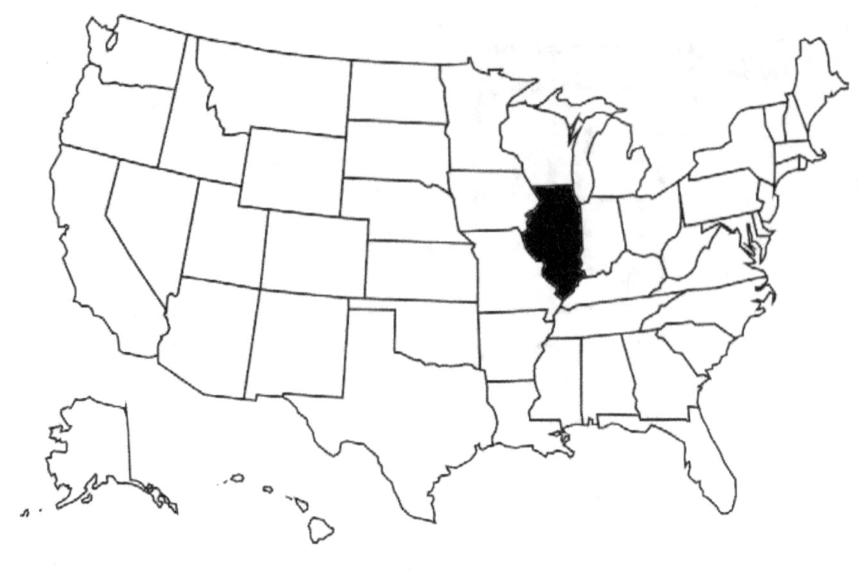

Illinois

```
H X H E H W E T T F R X T Z N H V Q P A
B K S P R I N G F I E L D S Q O L O V T
E K B C R F J O K C H P T F I T S Q P I
G C Q J Q I A L A N D O F L I N C O L N
E R A U O A O S K P U C V D Q F F Y V A
Z O D T E T V U I D B Y N R H N W B C U
W N Q V E G F Q J B T Z H Z X D Z A H V
T A W C C R Z D B N T W I N K I E S V O
I L B S R K P D N A Z W A U K E G A N O
U D G P E D J I C H J D P J B S J C Z C
M R W Y C A E O L H Y F F L B O M S Y Q
E E A G Z Q R A L L I F F E N O H C X I
T A L U G C A S L I A C U J J W N H C T
R G T T D U H L T G E R A W G X C F N C
O A D L S B H Y C O H T O G A F X V M I
P N I P V S S L I A W A N C O T R J A N
O Q S X P V L S G E P E Z F L O F R L B
L D N U Q Y M C H M Q O R J G H T G V K
I E E L F Q E M U D R G N S X B U L L S
S Y Y E Z B Y P A L R H Y E H R E P L L
```

CUBS	WAUKEGAN	SEARSTOWER
BULLS	TWINKIES	SPRINGFIELD
JOLIET	ALCAPONE	CATERPILLAR
NAUVOO	WALTDISNEY	RONALDREAGAN
CHICAGO	METROPOLIS	LANDOFLINCOLN

IL Fun Fact - The
world's first Ferris wheel
was built for the 1893
World's Columbian
Exposition in Chicago.

Indiana - IN

Entered Union: 1816
Nickname: Hoosier State
Motto: "The crossroads of America"
Bird: Northern Cardinal
Plant: Peony
Capital: Indianapolis

Indiana

```
I N O P M X S G Q I H U H V F D P C O K
H D A V I D L E T T E R M A N P H T Q X
A O N T R W R E D E N B A C H E R D Z K
R O L C A L U M E T W P H C F Q K A X G
F M B I T E R R E H A U T E W H Q H X X
B N I U D B B N S Y Q S I I H E X C P H
D G S C D A D Y I F U Q H G V B O O I T
C C N F H N Y E E B X D O S A Q L V N A
X Q O O Y A N W Y B T Q O F X R O E D O
C J T R B F E E O Y L T S R O W Y R I F
S A R T L H Q L D R Z G I P A E F E A Y
R D E W O A K I J U L F E H J U K D N S
Z I D A O E S L A A S D R P G L P B A N
B S A Y M M I I I M C M N L D R L R P O
M R M N I W V L L G N K K P R P D I O Q
K S E E N W V L I J X B S W F U J D L I
R X U V G O F Y J A W G W O I R N G I J
S C B W T T M P P H X Z E Y N D V E S J
H E B E O Y W T E G U B M Q J U A S A C
C B Z W N O O M V L L A J H K E R L L V
```

GARY	FORTWAYNE	INDIANAPOLIS
PURDUE	NOTREDAME	HOLIDAYWORLD
HOOSIER	TERREHAUTE	MICHAELJACKSON
CALUMET	BLOOMINGTON	COVEREDBRIDGES
ELILILLY	REDENBACHER	DAVIDLETTERMAN

IN Fun Fact - The
first professional
baseball game was
played in Fort Wayne
in 1871.

Kansas - KS

Entered Union: 1861
Nickname: Sunflower State
Motto: "Ad astra per aspera" (To the stars through difficulty)
Bird: Western Meadowlark
Plant: Sunflower
Capital: Topeka

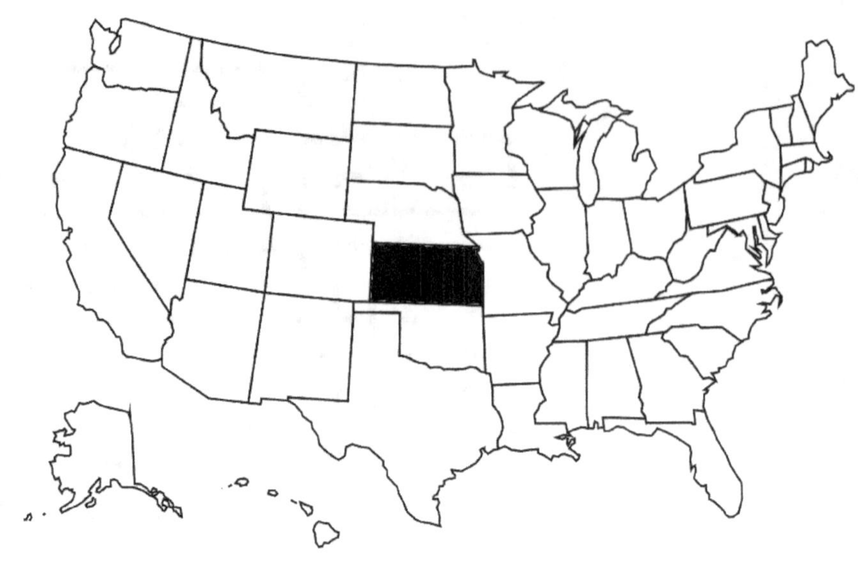

Kansas

```
C J I L M V U G R E Y H O U N D G J F V
M O C R T E B W F B P X D B W T Y B T G
Q V P E Y L H C T B J W I C H I T A D H
F P W W S I I A X F G Y V D B W Z V C U
B P F B R S L T J A Y H A W K S Q Q O S
T K W L U C N N T B H D X E M Y T C S R
E A I M I H C A J L H Y D J N E O B M W
Y V L R R N P C A L E S P N A T P K O H
E F D J G W T N H I J A V J S D E L S E
I W C W M V B H N U R W P F L M K A P A
H W A I E X J E I Q U C I P V D A W H T
O S T Z R W C N G L D U R Q L O R R E D
J S S A Q E P V P B L O D A M E F E R A
W K Q R Q S M U H E M S D E F G Z N E K
B Q Y D S U I L L M A H B G C T K C N I
K J S O B A L N V T R H X Y E H H E Z Y
S U N F L O W E R S F S S N D C D Z E L
B H V O P P F Y I G Z U U V N M I C L K
K S K Z J Y C C M G G M L R N S M T C H
S B Q E I S E N H O W E R Z B K T W Y Y
```

WHEAT	JAYHAWKS	WIZARDOFOZ
TOPEKA	GREYHOUND	SUNFLOWERS
WICHITA	DODGECITY	LITTLEAPPLE
WILDCATS	EISENHOWER	COSMOSPHERE
LAWRENCE	FLINTHILLS	CESSNAAIRCRAFT

KS Fun Fact - The state is known as the "Sunflower State" because of the wild sunflowers that grow across the state.

Kentucky - KY

Entered Union: 1792
Nickname: Bluegrass State
Motto: "United we stand, divided we fall"
Bird: Northern Cardinal
Plant: Goldenrod
Capital: Frankfort

Kentucky

```
P M E O E L I Z A B E T H T O W N F Z R
U J K M U H A M M A D A L I T X M S E G
L O U I S V I L L E S U Q A D T K O B N
Y C C H C U M B E R L A N D F A L L S K
R T P G C B A B R A H A M L I N C O L N
J Y C P X O L T Y I M W U F B B X W S X
A E S H L I L U O M V F O R T K N O X M
P X F L U D T O E A P N P V M E T F D B
S A M F U R A B N G W X C X V Y P T Y B
B M A N E G C N O E R W Z C U T D J G S
E T M L X R G H I W L A X Z B Z R C V O
E T M E K D S E I E L S S I D B J E O X
B O O X A V H O R L L I A S D E O W I H
U G T I H W F Y N M L B N N Y B N D U X
G D H N B I N F X D U D O G D K G L K C
S O C G G H K P P E A S O O G E W W A C
U Z A T D I C Y G J B V E W N R R H R P
N P V O Z U A K W T Y D I U N E E S A J
S P E N O O M O Q H O U P S M S Q E S W
A U E S J R H J M H T I B S L B B E N R
```

FORTKNOX	DANIELBOONE	ABRAHAMLINCOLN
LEXINGTON	MUHAMMADALI	COLONELSANDERS
BLUEGRASS	BOWLINGGREEN	CHURCHILLDOWNS
LOUISVILLE	SLUGGERMUSEUM	JEFFERSONDAVIS
MAMMOTHCAVE	ELIZABETHTOWN	CUMBERLANDFALLS

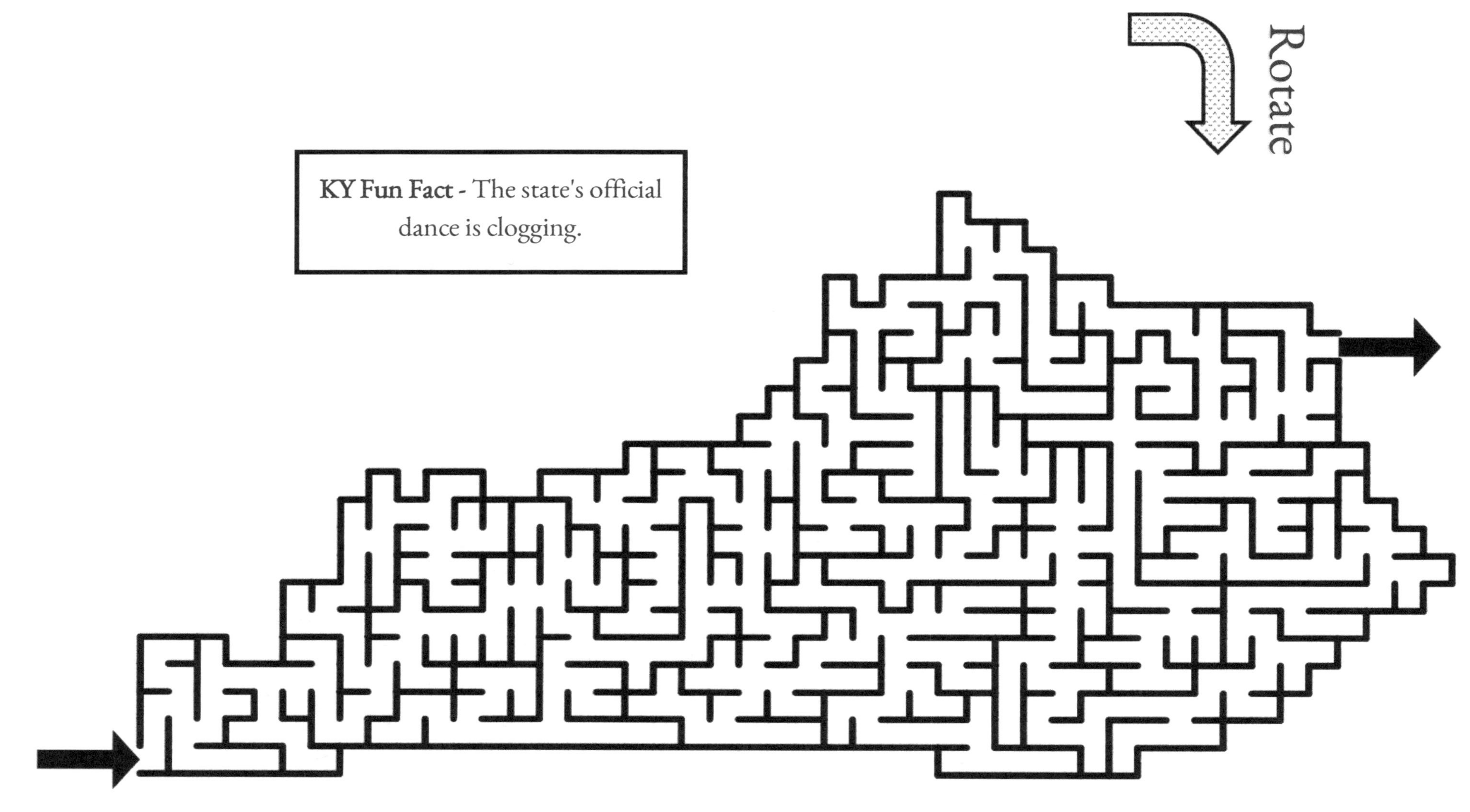

Rotate
KY Fun Fact - The state's official dance is clogging.

Louisiana - LA

Entered Union: 1812

Nickname: Pelican State

Motto: "Union, justice, and confidence"

Bird: Eastern Brown Pelican

Plant: Magnolia

Capital: Baton Rouge

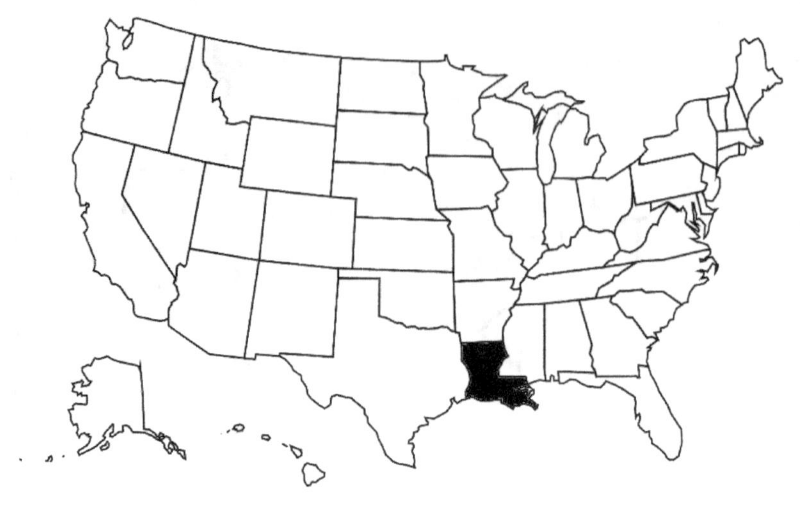

Louisiana

```
Q T C R D Q W N O B M Q E Y W Z D E V C
A U U N L R I C H A R D S I M M O N S S
D T V X O H C N B B A T O N R O U G E F
F F V P U C T J D G A H F X H I C C K D
X F Q E I P B O U R B O N S T R E E T I
N K K L S G Z S M T U R Z Z N B T W E Z
E X M I A E Y V R O U G A R O U U M X W
W X A C R T D L C R S J L C T R U G L O
O Y L A M L E O A L H N H I R G F E L A
R Y A N S Y C Y V K R V Z O Y R X J T R
L M F S T B O N Y N E C W Y C B A Y O U
E A A Q R H L X P D V C E V I R P W G N
A R Y U O B J U Q H E L H O R E E G T S
N D E E N G U A F K P I R A I Y U O M T
S I T C G C Q J Q K O L Z E R C H P L Q
Y G T U W S M A Y G R B E R J L V Z I E
P R E M B S O S C F T C N F H P E M X G
L A R C D E D C K F G C P B B B X R S O Z
K S C R M I U Z N B P A Z V L R Y P V B
S G H Y I W A K T S Y S C B S A I N T S
```

BAYOU	PELICANS	SHREVEPORT
CREOLE	LAFAYETTE	LAKECHARLES
SAINTS	MARDIGRAS	BOURBONSTREET
ZYDECO	NEWORLEANS	LOUISARMSTRONG
ROUGAROU	BATONROUGE	RICHARDSIMMONS

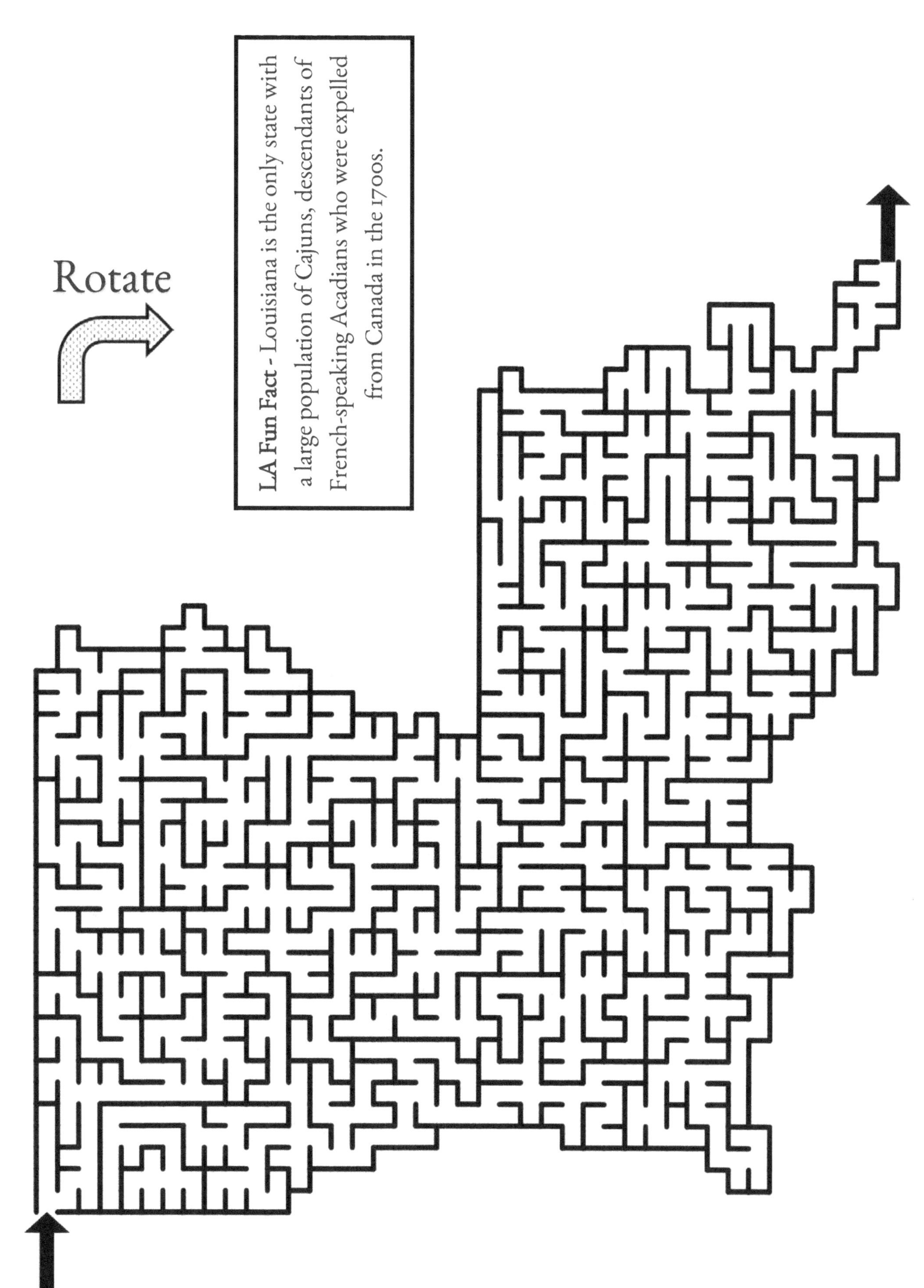

Massachusetts - MA

Entered Union: 1788

Nickname: Bay State

Motto: "Ense petit placidam sub libertate quietem" (By the sword we seek peace, but peace only under liberty)

Bird: Black-capped Chickadee

Plant: Mayflower

Capital: Boston

Massachusetts

```
W Q Z X Z G B B P J T C A P E C O D Y A
C S Y J B P O D B O S T O N R E D S O X
I L U M F Q S P A T R I O T S E J A X Z
Q T J S M J T I J J O L Y Y F X Y I P V
H J K L A R O W Y W M C G M Z F C T L O
P D X Z M N N L L L K Q I I Z D Q I Y O
B Z L A W X B D C K C I M W X C Z U M B
L G M X Q D F A Y D J O L Y Q L J S O Q
H H U J R X S E N T P H S J I E Q P U V
B G Z H E C R T N T E A P A R T Y R T P
K Y C E L T I C S Z H B F H V P Z I H S
H E L X L E H T I X P O J D O Q I N R Q
I C E X M C S A L E M X N O I E J G O Y
H A R V A R D D C G H O D Y S S L F C M
A I C K L Q B U H J W L G J O E Y I K X
M A R T H A S V I N E Y A R D I I E V L
K C T Z G M R R Z R Z B C L R D F L Z M
C K T M Z X K W G T S S M I T D U D L C
A X U S W L R Y O J O H N A D A M S D P
R J P N A N T U C K E T E M A X Y Z V J
```

MIT	CAPECOD	SPRINGFIELD
SALEM	TEAPARTY	PLYMOUTHROCK
BOSTON	PATRIOTS	BOSTONREDSOX
HARVARD	NANTUCKET	SUSANBANTHONY
CELTICS	JOHNADAMS	MARTHASVINEYARD

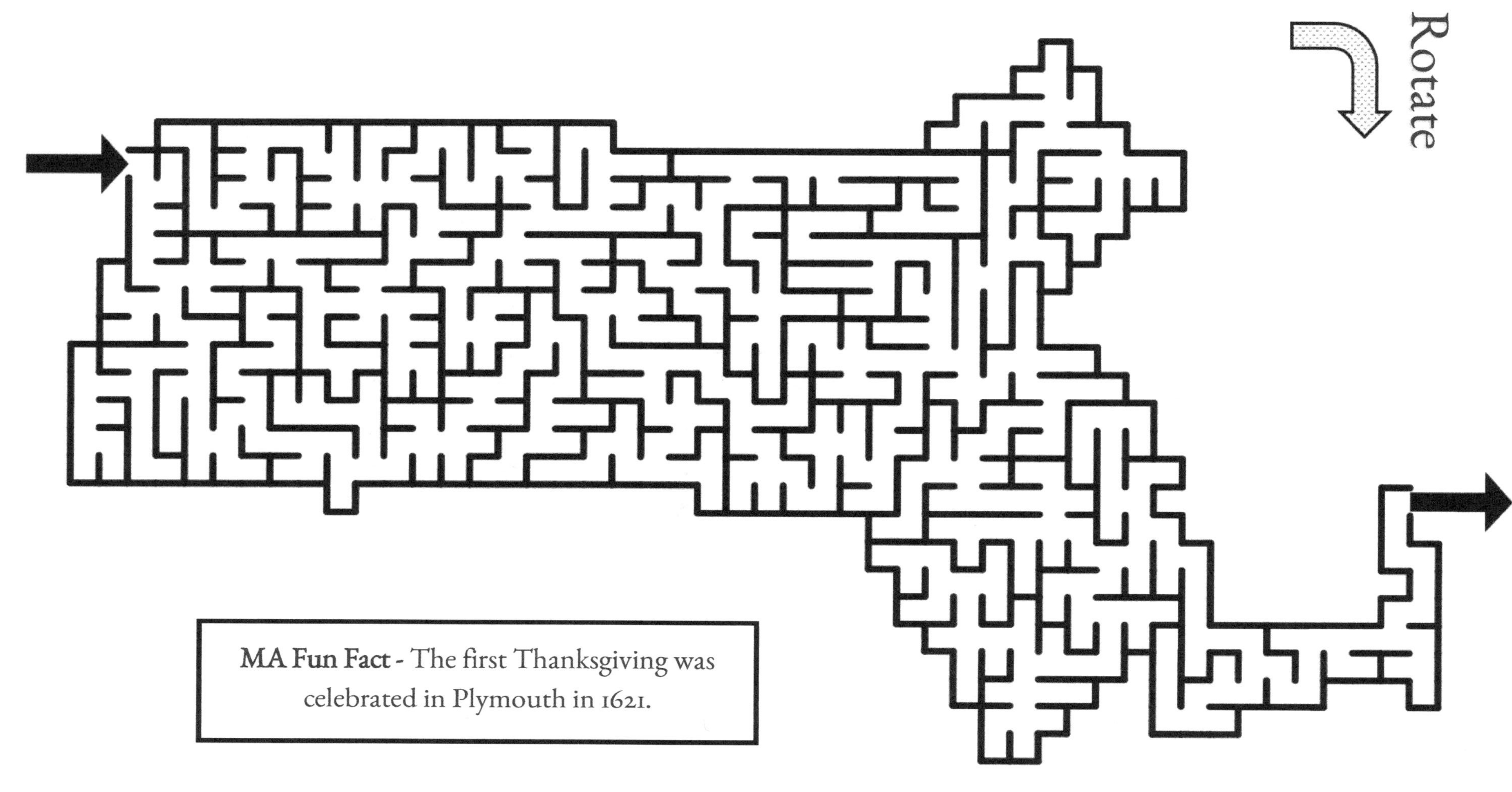

MA Fun Fact - The first Thanksgiving was celebrated in Plymouth in 1621.

Maryland - MD

Entered Union: 1788
Nickname: Old Line State
Motto: " Fatti maschii, parole femine"
(Manly deeds, womanly words)
Bird: Baltimore Oriole
Plant: Black-eyed Susan
Capital: Annapolis

Maryland

```
F D S F W T W A L D O R F J G T P T I J
C M S I O L D L I N E Q L W L C Z Z L G
C X I I P B N I M S M F O Y I Y H P S A
W J A C L G L J W X F I R Z F I K L K N
H B M V H V K Y N W D M I F C U U U R N
D V X P E A E U M K D L O P L W B C W A
E C I Z M H E R N J L A L O N U H H I P
I G L T J M D L S J B I E D O S A E H O
Z A H S E O W J P P O A S L X A R S Y L
E I B B N R H H P H R O W D I E R A L I
U T A A R P R N D T E I X H H Q I P O S
H H L B X H E A S H W L N E T T E E F R
X E T E T Z N H P H V Q P G P A T A B K
S R I R Q O L O V I O T E S K B T K C R
F S M U J O K C H P N P R T F I U E T S
Q B O T P I G Q J Q I S K A A E B B U O
A U R H O S K P U C V D Q I V F M A F Y
V R E Z D E T V U I D B Y N N E A Y R H
N G W B C W Q V G F Q J B T Z S N H Z X
D Z A M O U N T V E R N O N H T W S C C
```

RAVENS	BALTIMORE	GAITHERSBURG
OLDLINE	ANNAPOLIS	JOHNSHOPKINS
WALDORF	TERRAPINS	MICHAELPHELPS
ORIOLES	MOUNTVERNON	HARRIETTUBMAN
BABERUTH	SILVERSPRING	CHESAPEAKEBAY

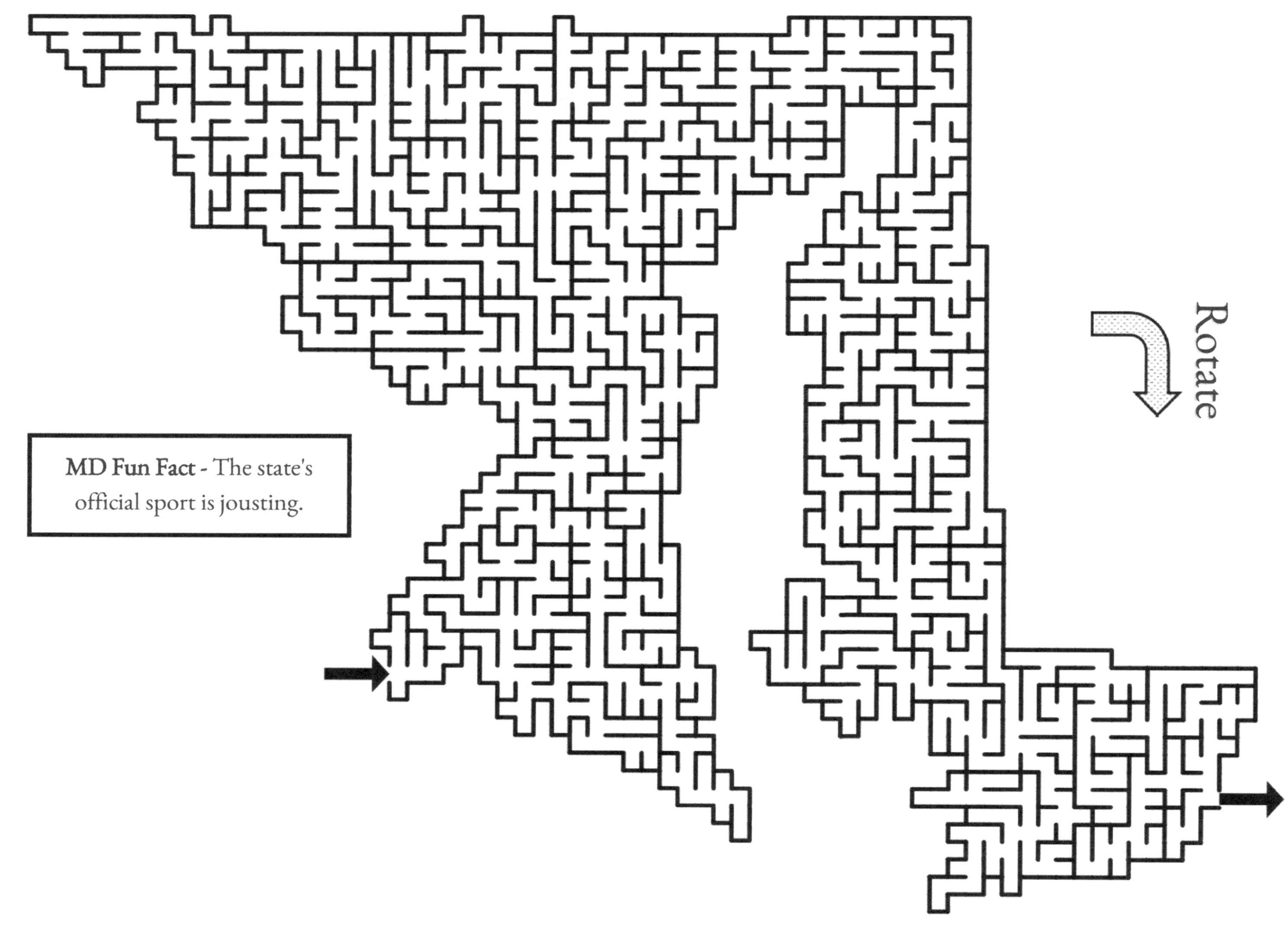

Rotate
MD Fun Fact - The state's official sport is jousting.

Maine - ME

Entered Union: 1820
Nickname: Pine Tree State
Motto: "Dirigo" (I direct)
Bird: Black-capped Chickadee
Plant: White Pine Cone and Tassel
Capital: Augusta

Maine

```
T Y A C Y J A P D I L L O B S T E R M F
Q S E J A X Z Q M A P L E S Y R U P T J
M J O I J J O L Y S T E P H E N K I N G
Y F X U Y I V H J K L R W Y W M C G K M
Z F C T T O P D X Z M L L L K Q I I E Z
D Q L I G H T H O U S E S I O B Z L N A
W X D C K C P I M W X C Z U B L G M N X
Q D F Y D J O O L Y Q L J Q H H U M E J
R X S E T P H S R J I E Q V B G Z T B H
E C R T N P K Y D T Z B B F H V P K U Z
S H A U G U S T A O L E A L X L E A N H
T L L B E A N I X P R A J N D O Q T K I
Q I C E X M C X O I E O N J G Y D A P C
R E D C L A W S G H O D T D S O S H O L
M A I C K L Q B U H J W L H G J R D R O
A C A D I A N A T L P A R K E E Y I T X
I I V L K C T Z G M R R Z R Z A B N C L
R D F Z M C K T M Z X K W G T S D S D U
L C A X U S W L R P O R T L A N D I Y O
D P R B L A C K B E A R S J P E M A X X
```

BANGOR	REDCLAWS	LIGHTHOUSES
LLBEAN	MAPLESYRUP	DOROTHEADIX
AUGUSTA	MTKATAHDIN	SOUTHPORTLAND
LOBSTER	BLACKBEARS	KENNEBUNKPORT
PORTLAND	STEPHENKING	ACADIANATLPARK

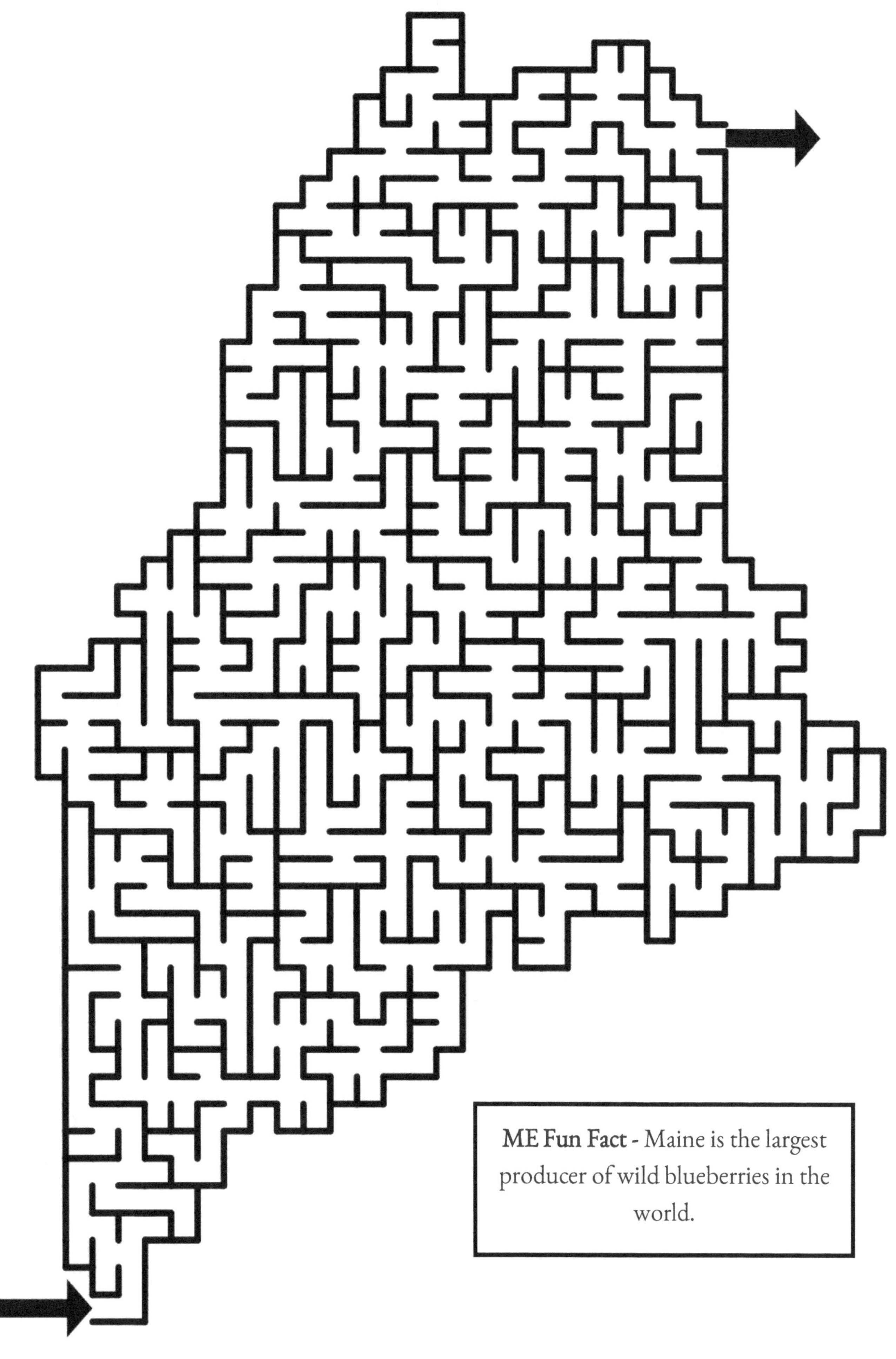

ME Fun Fact - Maine is the largest producer of wild blueberries in the world.

Michigan - MI

Entered Union: 1837
Nickname: Great Lakes State
Motto: "Si quaeris peninsulam amoenam, circumspice" (If you seek a pleasant peninsula, look about you)
Bird: American Robin
Plant: Apple Blossom
Capital: Lansing

Michigan

```
H O D S S L M A I C K R E D W I N G S L
Q U F L I N T B U H J W L G J G O E Y X
I I P V L K C M O T O W N T Z R G M R R
Z R Z P B D C L R D F Z M C K A T M M Z
X K W G E T E S S D U L C A X N U S A W
L R Y O D R P A R J P E M A X D Y Z C V
J V B C N T P G R I E J J C D R B Z K P
T X D W N V F E D B Z R D W Q A C W I S
Z X T C L M J U N R O S D U V P E I N U
L X S O U G J Z J I I R R M F I H L A O
X H A N N A R B O R N M N R J D Y L C D
S L A N S I N G S V L S W P H S A I I K
S Y C K E L L O G G H S U I Q S R A S Z
H E N R Y F O R D J D F Q L S D Y M L E
U I D Y B V T M R J T S U L A R W B A S
C H A R L E S L I N D B E R G H J O N E
J C W J L Z P C S S A W N I Z L J E D V
F W N P P F K A X G T H D E T R O I T L
D J H M U H C X Z V X W I G V U Q N R A
M E Q G E N E R A L M O T O R S B G K A
```

FLINT	ANNARBOR	WILLIAMBOEING
MOTOWN	DEARBORN	GENERALMOTORS
DETROIT	REDWINGS	UPPERPENINSULA
LANSING	HENRYFORD	MACKINACISLAND
KELLOGG	GRANDRAPIDS	CHARLESLINDBERGH

MI Fun Fact - The world's largest limestone quarry is located in Rogers City.

Minnesota - MN

Entered Union: 1858
Nickname: North Star State
Motto: "L'Étoile du Nord" (The Star of the North)
Bird: Common Loon
Plant: Lady Slipper
Capital: St. Paul

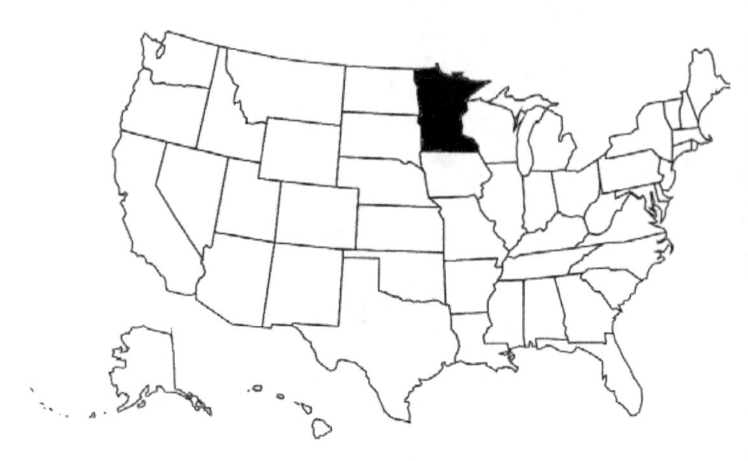

Minnesota

```
F J F Q G Z K C Y Z X M E N Z R A A F C
R U I R E Z U J H Y W I I C R N T Y M D
B T X L A J L Q O A J H O J N R A H A S
L O A A F N V A Y M R K E G M W P U G V
M G U R J S S S N K I L C I Y L R Q M V
A D E N G W C K E D P N E W F C I S D M
Y W K Z D E S O E F O N N S L O N G E Z
O J M X V A T C T K Q L G E S O C N R T
C C N Y E F R C R T C N A Q A C E V S W
L I E L P I V Y S B F K Y K U P H H T X
I S K E H X V I W T L I B Z E J O U Z E
N P C V R Q M M K A P O T I I S V L L M
I T K U D J P L C I T A O Z N E M R I Z
C L J N M J W M N L N E U M G P J D F S
V Q O E L D U L U T H G R L I E A X W V
B F L N I Y R U Q D E D S S Q N R N Z D
A M A L L O F A M E R I C A L T G A J P
Y F F N J R N H O J I T U W C T O T L X
J R B T I M B E R W O L V E S M I O O D
M T W I N S M P X F Z N E F S R O K F N
```

TWINS	VIKINGS	TIMBERWOLVES
STPAUL	MAYOCLINIC	MALLOFAMERICA
DULUTH	LANDOLAKES	CHARLESSCHULZ
PRINCE	MINNEAPOLIS	BOUNDARYWATERS
TARGET	BLOOMINGTON	FSCOTTFITZGERALD

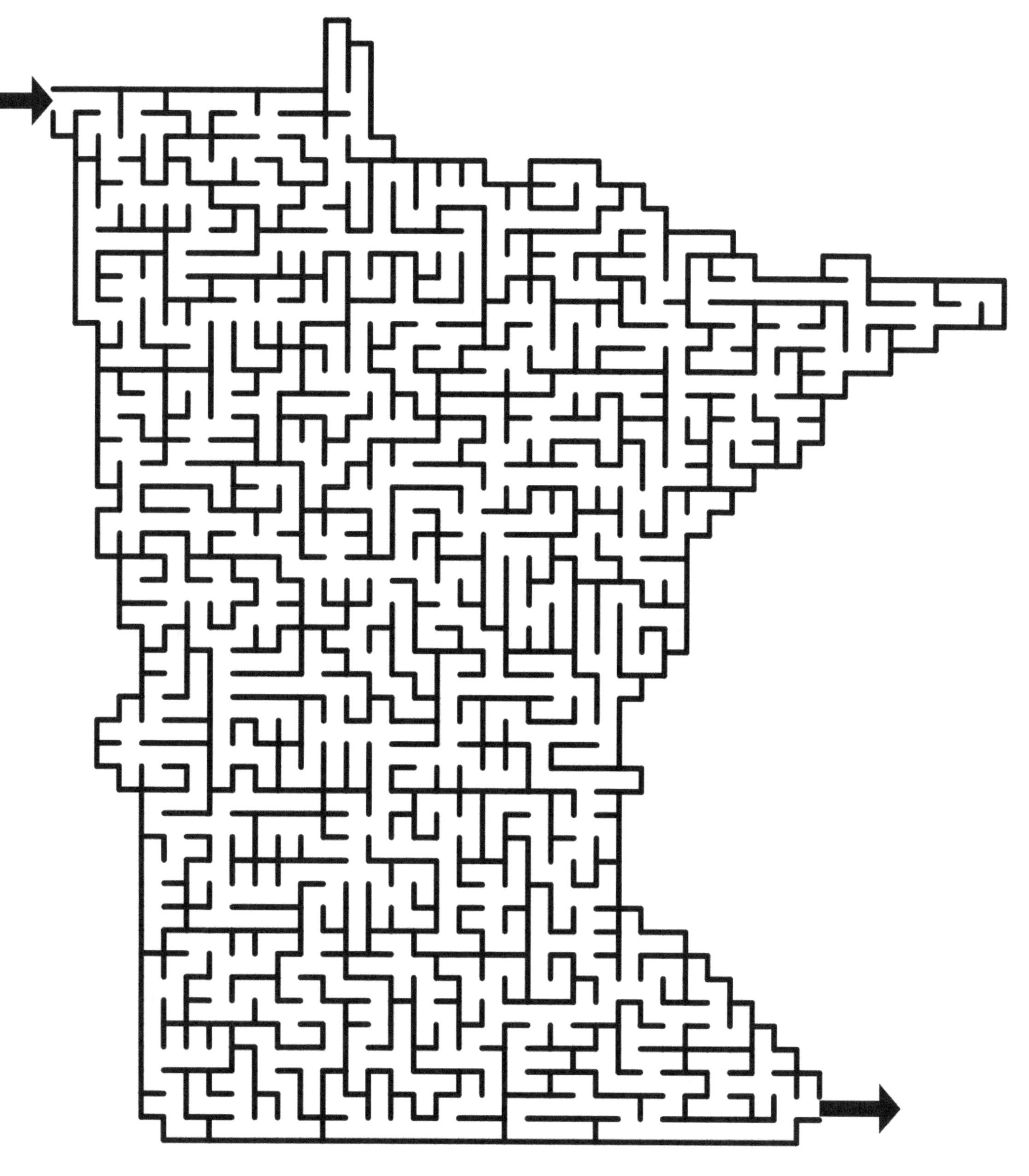

MN Fun Fact - Minnesota is home to the headwaters of the
Mississippi River, which begins at Lake Itasca.

Missouri - MO

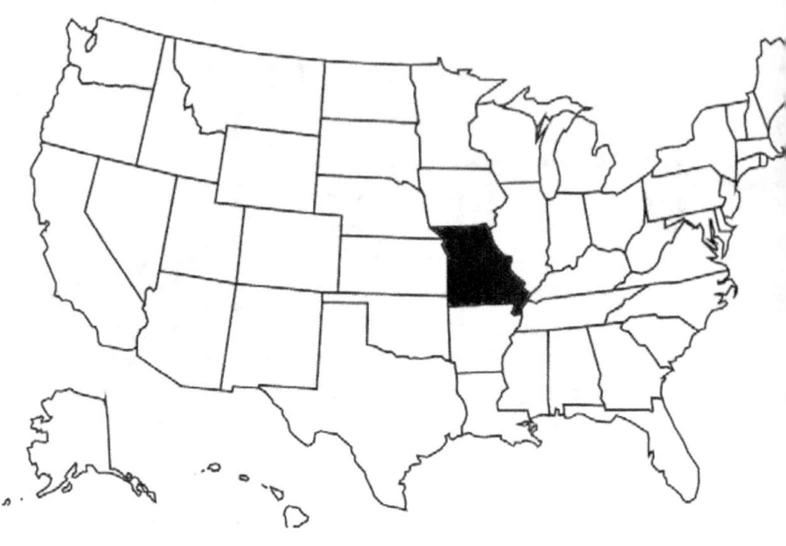

Entered Union: 1821
Nickname: Show-me State
Motto: "Salus populi suprema lex esto" (Let the welfare of the people be the supreme law)
Bird: Eastern Bluebird
Plant: Hawthorn
Capital: Jefferson City

Missouri

```
N T Q J E S S E J A M E S B Q D Y W H I
P C L B R A N S O N H R V G M V W I U P
U O Y A E V X D K A N S A S C I T Y Q L
L C N Y K E H S A U V C A R D I N A L S
Y Q D Y H E T A L M A Y A A N G E L O U
Y O S L E K O O R U E E O C I J A L Z M
X C L K B X U F L R R W Q J N U Q G F P
V X B E F M P V T J Y O Q J M Z T N L S
Z I V K W K P R V H G S Y F F T Z V A F
L V D M A I P H E K E G T A R X G K L R
D L A Y V K S N R S R O T R L W K T S K
Y D G B Q H R A X R S X Z P U S P D Z B
V C M W A I G O N Z Y H W A I M B P C T
A T Z B J G T H Y D Q W O U R V A P O Q
Y B M Z K T N J R V C G A X V K T N L X
G A T E W A Y A R C H L O T Z Y S Z U S
F S T L O U I S Y J C M A D Y B U W M D
G W N Z J X R F E R C A L R A O E Z B M
D M A R K T W A I N R S B A K U O E I T
Q Y P T E C H I E F S L H E V F V B A K
```

CHIEFS	MARKTWAIN	PONYEXPRESS
ROYALS	CARDINALS	MAYAANGELOU
STLOUIS	KANSASCITY	HARRYSTRUMAN
BRANSON	JESSEJAMES	LEWISANDCLARK
COLUMBIA	GATEWAYARCH	LAKEOFTHEOZARKS

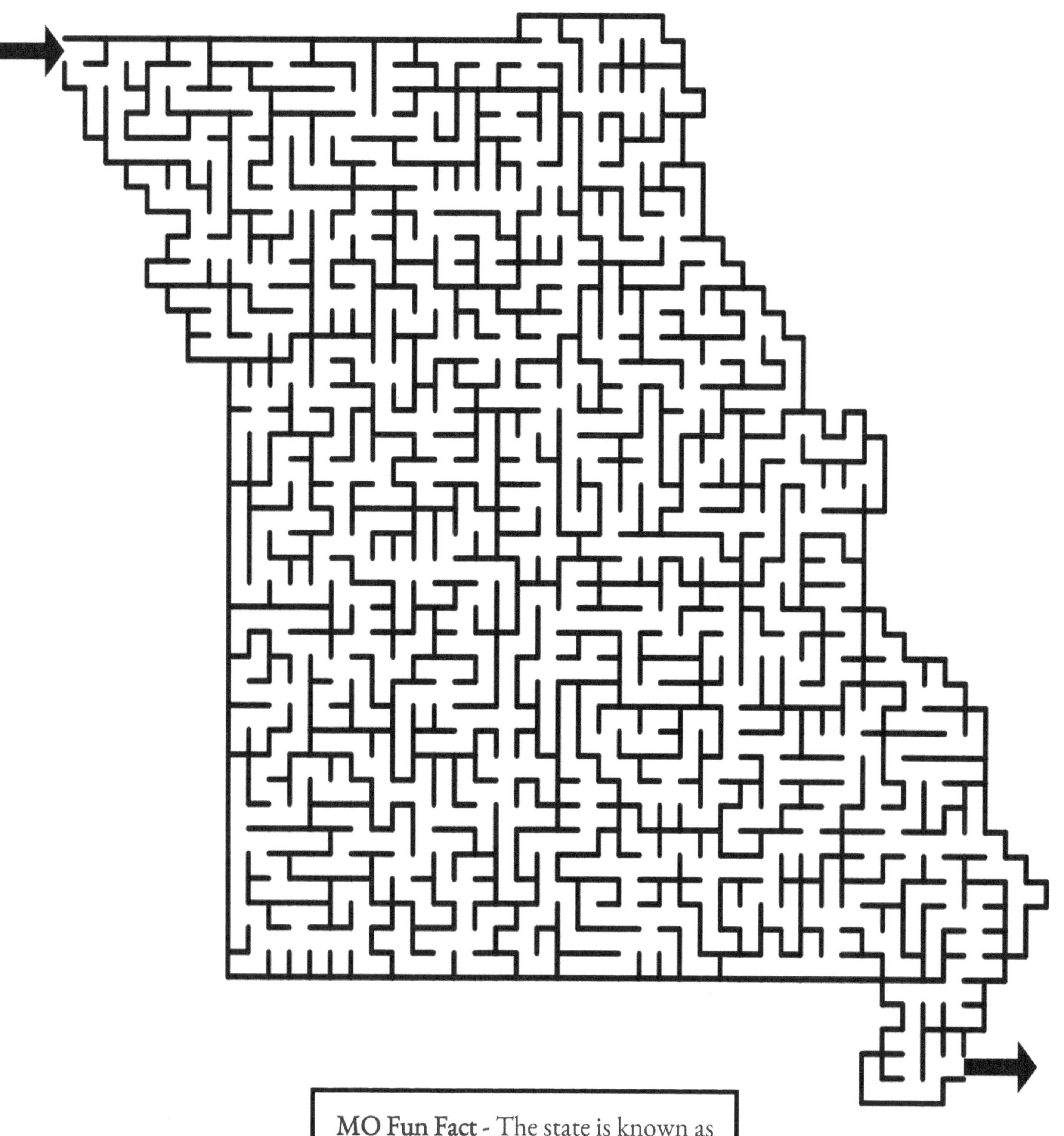

MO Fun Fact - The state is known as the "Show-Me State," though the origin of the nickname is uncertain.

Mississippi - MS

Entered Union: 1817
Nickname: Magnolia State
Motto: "Virtute et armis" (By valor and arms)
Bird: Northern Mockingbird
Plant: Magnolia
Capital: Jackson

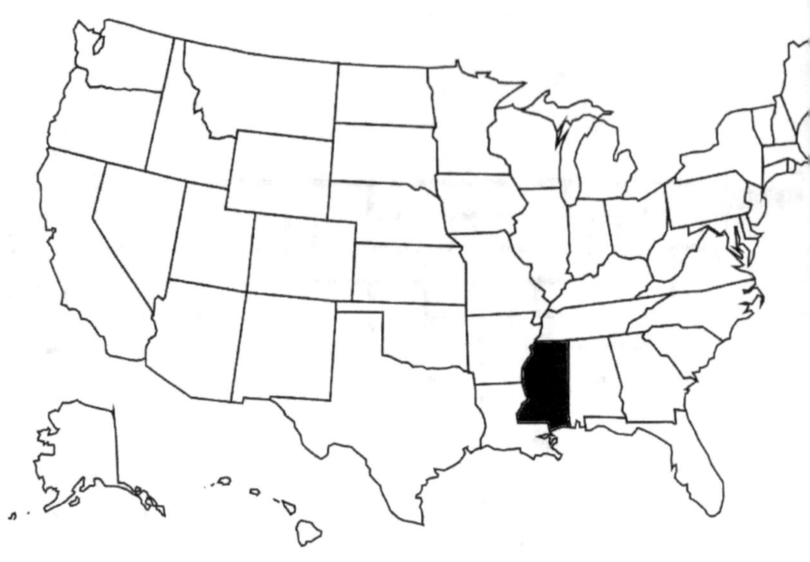

Mississippi

```
F O C U C V I C K S B U R G F A O T L K
U I M R E D B L U F F Y G N F J P V W E
I G D X X T M E Z B H T D M T S G F C A
N O Z S T B E C O P R A H W I N F R E Y
R G Z Z A V I F Z F D S R H S T O L W B
F O U I K N R J X F I Q H M T Y M T U V
Z T A L C M D S J E L Y P I A U X I E O
R C U Z F S C E B H A T T I E S B U R G
M M A J Z C F A R U U E N V G Z N Q D Z
D P T A I P O N T S F X S U O V O O O P
E B A C Q B F A K F O B I L O X I V K Y
L Q Q K X E H B S E I N R E B E L S W U
T B M S L I S I B T M S F X W A M K Q N
A B K O G P Q R K A P B H A R M G Z O K
B K V N I X H R P Q S C N P R C A Z T O
L I K Z D B R N C G P U T V T M H G P Q
U N D W H T M M A G N O L I A A S V A P
E G Y A P R J I M H E N S O N O A R S B
S I G D P V X I R R Q X G H B C P U P P
Q P F E L V I S P R E S L E Y O Q U G F
```

BBKING	MAGNOLIA	DELTABLUES
BILOXI	REDBLUFF	HATTIESBURG
REBELS	GULFCOAST	ELVISPRESLEY
JACKSON	JIMHENSON	OPRAHWINFREY
CATFISH	VICKSBURG	SANDERSONFARMS

MS Fun Fact - Mississippi is home to the world's largest cactus plantation, located in Edwards.

Montana - MT

Entered Union: 1889
Nickname: Treasure State
Motto: "Oro y plata" (Gold and silver)
Bird: Western Meadowlark
Plant: Bitterroot
Capital: Helena

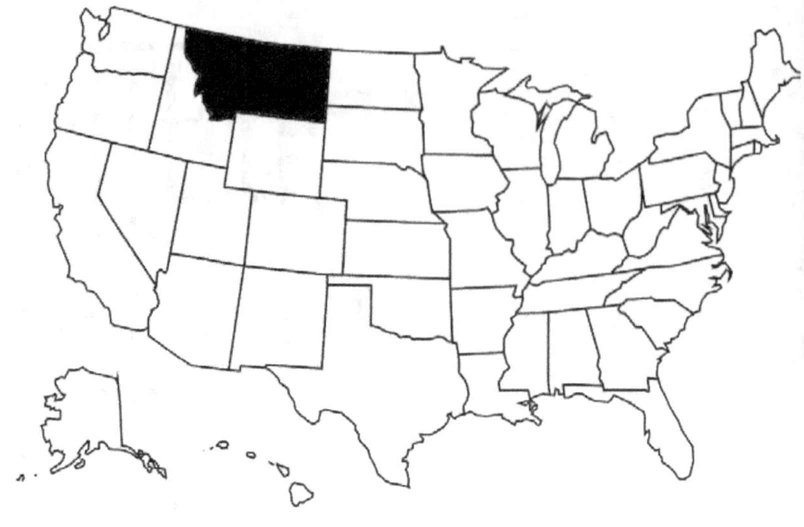

Montana

```
D L G R E A T F A L L S P L W B W E C I
Z M B H N J L A O N U I I L M D J B I D
O S I H Z H S W J O A L X A Y E N H P O
W D G I J E L U B E R K E L E Y P I T R
P D S T X E V E L K N I E V E L H H Q O
H Y K X H E A H W E T T F R X T Z N H V
Q O Y P A B K N S Q O L O V T E K B C R
F G C J O K C H N P B I L L I N G S T F
I O O G G L A C I E R N A T L P A R K T
S S U Q R P I G H Q T J Q I A B E U O A
K A N O S I K P U E C T V D Q F I F Y V
A P T Z D E Z T V U L I E D B Y N S R H
L P R N W B M Z C W Q E V R G F Q J O B
I H Y T Z H Z I L X D Z N A A H T W C N
S I C Z D B N V S I I B R A K N D N A Z
P R U G P D H J D S E P J B S J K C Z C
E E Y C E Y F F L B O S O M S Y Q I G Z
L S Q A F F E N O H C U X I U G L U N J
L J W N H C T D A V I D L Y N C H T D H
L I T T L E B I G H O R N A G W G X C F
```

BISON	GRIZZLIES	BIGSKYCOUNTRY
HELENA	GREATFALLS	YOGOSAPPHIRES
BILLINGS	DAVIDLYNCH	LITTLEBIGHORN
MISSOULA	BERKELEYPIT	JEANNETTERANKIN
KALISPELL	EVELKNIEVEL	GLACIERNATLPARK

MT Fun Fact - The state's name comes from the Spanish word "montaña," which means "mountain."

Rotate

North Carolina - NC

Entered Union: 1789
Nickname: Tar Heel State
Motto: "Esse quam videri" (To be rather than to seem)
Bird: Northern Cardinal
Plant: Flowering Dogwood
Capital: Raleigh

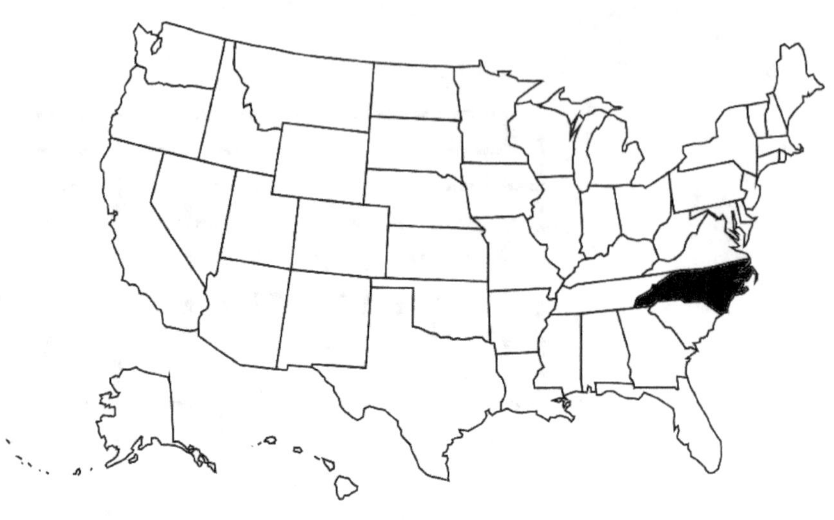

North Carolina

```
D D O P V V G R E A T S M O K Y M T S R
C D X K K D O L L E Y M A D I S O N K Y
R A L E I G H M B G Z U E A H Q U I M H
X M I S U M W I I C S E T U I Q E W S C
B D F H C A L C L W I P B X Q O E R N A
B N G V G G Z C T I E B A V I V P I Q P
M U J N R R X O M N U A A N P G C G X E
H A N W E E B O S X N S H T S S H K H
W U G F E E P V R T W D B Q F H O T N A
U J N J N N P Q E O H R X Q U T E B V T
W Q N D V S J G E N O E F A U L T R P T
Q H Q G I B N F S S U W I O H S A O S E
D Y Z A L O O U T A U J K Q K Y R T U R
U E I A L R E D A L L A T T S K H H A A
G Q U O E O E C T E G C I A G J E E P S
A D Z Q O X K I E M B K T I F W E R T Z
D U R H A M Q M J Q S S Z L H E L S N N
M C H A R L O T T E O O T W D U S Z D K
N A V V C O E H L X H N B K R S C Q E J
V S X I G R E A V A G A R D N E R K L D
```

DURHAM	GREENSBORO	DOLLEYMADISON
RALEIGH	AVAGARDNER	ANDREWJACKSON
TARHEELS	GREENVILLE	GREATSMOKYMTS
PANTHERS	WINSTONSALEM	WRIGHTBROTHERS
CHARLOTTE	CAPEHATTERAS	BILTMOREESTATE

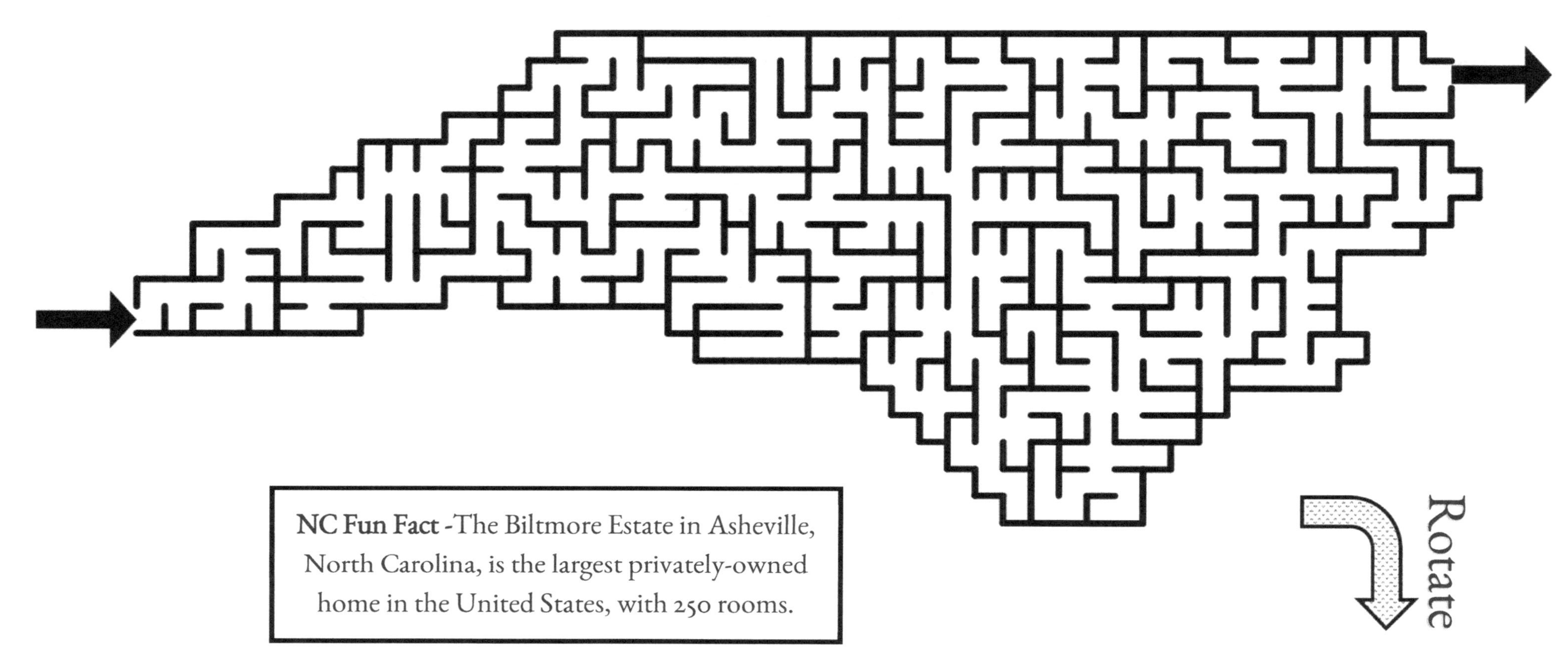

NC Fun Fact - The Biltmore Estate in Asheville, North Carolina, is the largest privately-owned home in the United States, with 250 rooms.

North Dakota - ND

Entered Union: 1889
Nickname: Peace Garden State
Motto: "Liberty and Union, Now and Forever, One and Inseparable"
Bird: Western Meadowlark
Plant: Wild Prairie Rose
Capital: Bismarck

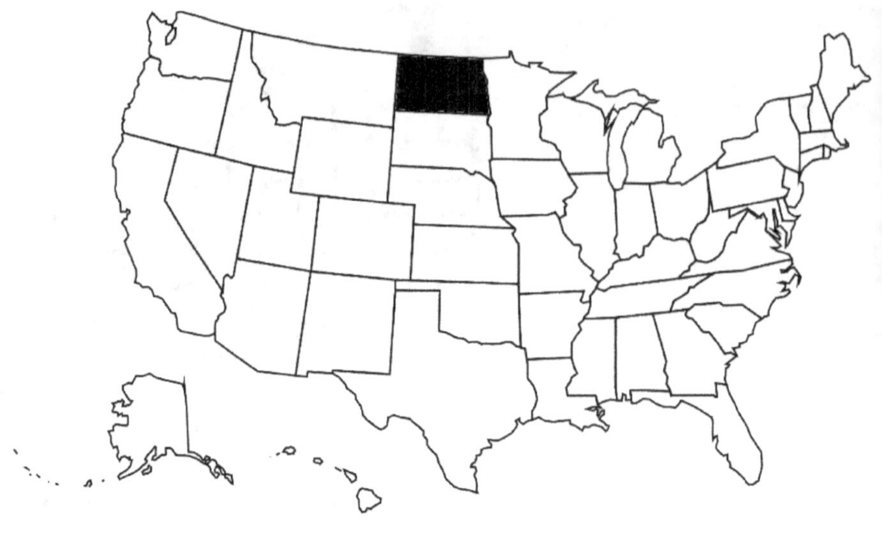

North Dakota

```
V X D S V Z Y Y Z G R A N D F O R K S U
B X X Y O M B E N C H A N T E D H W Y T
F I C I V R G A N B T V B W I Q P Q M M
A T S E H S D G D S Y E P X S C Q U K M
R M Q M A N K V P L J A M E S T O W N G
G D G V A T S I N X A Q F B X Y Z B N X
O L U P N R P A A B R N A P B W E I Z R
K A E D T D C N H A D N D C A L L C C E
Y W Z W I O N K L O O N F S P C A H L D
G R Q L R C U F U H M V L Z Y L K K B R
N E J A K X K P E G G Y L E E O E W M I
C N F I G H T I N G H A W K S J S S R V
L C A D S Q O J N K U E S H A D A G Z E
O E R A C A B M Y S P I L R S D K J D R
D W N W T C G E W L O M I N O T A W D V
L E Z K L N B L Q C M N D B B M K M T A
E L Q D I T Q E W A H P E T O N A N S L
K K R P V O T H N D S B F E R H W Q V L
J S H V M L L Q T F G Y S Z I K E P E E
Y I M M M L O U I S L A M O U R A E N Y
```

FARGO	PEGGYLEE	ENCHANTEDHWY
MINOT	DICKINSON	LAWRENCEWELK
BISMARCK	JAMESTOWN	LAKESAKAKAWEA
BADLANDS	GRANDFORKS	FIGHTINGHAWKS
WAHPETON	LOUISLAMOUR	REDRIVERVALLEY

ND Fun Fact - The world's largest buffalo monument, named "Dakota Thunder," can be found in Jamestown, North Dakota.

Nebraska - NE

Entered Union: 1867
Nickname: Cornhusker State
Motto: "Equity before the law"
Bird: Western Meadowlark
Plant: Goldenrod
Capital: Lincoln

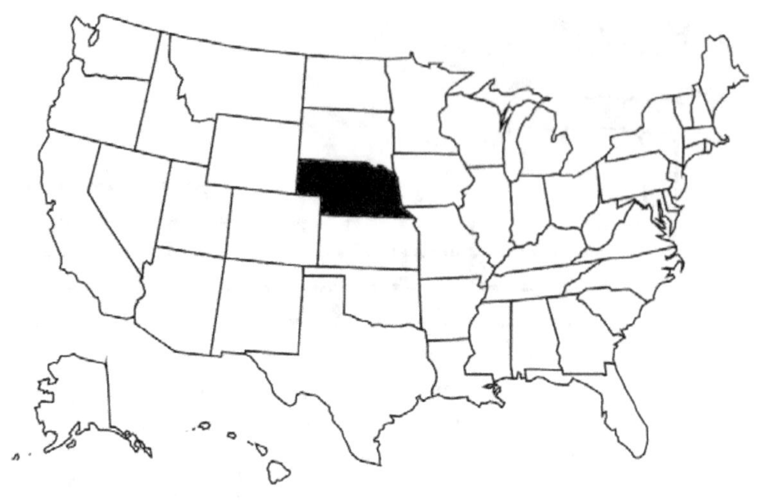

Nebraska

```
C V Y H N O R T H P L A T T E W O C Q L
B O K Z E J C W U I E X Y I U B U J B S
Q I H Z S N J O V Q G J T X U V L E U U
B P D G N B R O R H M A L C O M X D G J
C R F B I N I Y H N G S D W Z M Q W R H
L A I M G D N W D G H T J I H R L Q A I
R S R R E A W Z K O T U C H S P Y P N W
K F Y H I N Q A C W O O S N J P W R D X
N D R N E W O U R G N R M K Z G M J I A
O R S E E N P R I R A Z L A E G J Q S I
F D R C D V G H F Z E J S Y H R N M L G
K G M O L A X E A O G N T K Z A S P A U
Z H M R D I S X V S L E B W B O N N N K
T Q C N P Q N T L I T K E U Y P O O D F
C L L P V W B C A P V I I C F Y F X C C
Z Q P A K K G M O I Z W N Y I F B W X P
B Z B L M V X N L L R S W G O R E B M U
D L L A T V V Z I N E W G S E X T C B
M E B C N Q X L C H I M N E Y R O C K E
I E A E G E R A L D F O R D X V C J Q F
```

OMAHA	HASTINGS	NORTHPLATTE
LINCOLN	GERALDFORD	CHIMNEYROCK
MALCOMX	CORNPALACE	CORNHUSKERS
NORFOLK	GRANDISLAND	WARRENBUFFET
CARHENGE	FREDASTAIRE	HENRYDOORLYZOO

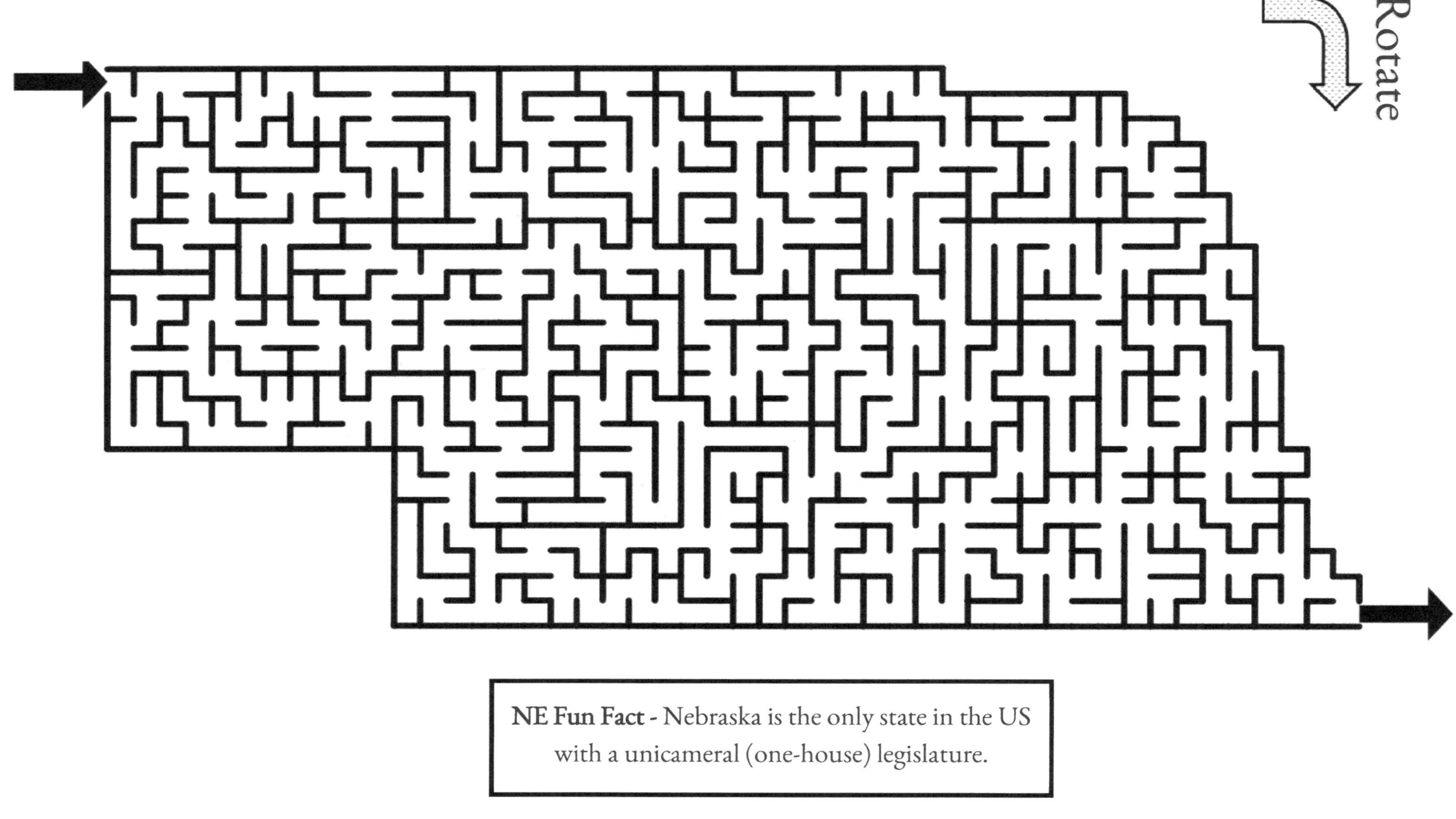

Rotate
NE Fun Fact - Nebraska is the only state in the US with a unicameral (one-house) legislature.

New Hampshire - NH

Entered Union: 1788

Nickname: Granite State

Motto: "Live Free or Die"

Bird: Purple Finch

Plant: Purple Lilac

Capital: Concord

New Hampshire

```
P S I V X D S V Z M E R R I M A C K Y Y
C Z U X X Y O T I M B E R L A N D M T C
H O I V R G N B T V B W I Q P Q M M T E
U H N S D G S Y E P X S C Q U K M M Q A
D N K C V P G D G V W H I T E M T S T S
S I N X O M T W A S H I N G T O N Q F B
O D X Y Z R B N X U P N P A G A B R A P
N A P B W E D I Z R W K E T R D M N H H
A R D N A C A L C O I C Y Z A W A O N I
L T O O L N F P C C N H L G N Q N L R N
U M F U A H M V L H N Z C Y I L D K B E
N O J A N K X O W E I M L C T J Y S R A
L U A D S S Q O J S P K A U E E M S H S
A T D G H Z O R A T E V R C A B O M Y G
P H I L E R S D J E S E E D D N O W T A
C G E W P L W D L R A L M Z K L R N B G
L Q C M A D B B M M U C O T E Q E D I E
T Q E N R S K R P V K R N O T H N D S B
F E R H D Q V J S H E O T V M L L Q T F
G Y S Z I K P E Y I E M M M E N R I F Z
```

VELCRO	ROCHESTER	TIMBERLAND
HUDSON	DARTMOUTH	PHINEASGAGE
CONCORD	MERRIMACK	ALANSHEPARD
GRANITE	CLAREMONT	MTWASHINGTON
WHITEMTS	MANDYMOORE	WINNIPESAUKEE

NH Fun Fact - The first potato planted in the US was in Londonderry Common Field, New Hampshire, in 1719.

New Jersey - NJ

Entered Union: 1787
Nickname: Garden State
Motto: "Liberty and Prosperity"
Bird: Eastern Goldfinch
Plant: Purple Violet
Capital: Trenton

New Jersey

```
J N B E U X M W K R G I A N T S D I S Q
C D O A O W L R C C A M D E N Y U W A S
Y N T T H B C X G J B A G O W R F A Z Y
R C C L G R A R Z R J B Q D Y Q T W W E
P D B A W U M M D X T S U K Y V R K W M
N Z S N E C P T O Y S R U S Y K E N A A
R Y Q T N E B S A Q U E L L E O N E I L
U J V I D S E P H Y W A L A Y F T S S P
Q O N C A P L A N O A N M T R L O D F L
D H W C K R L R U K B E P O D M N P O M
N N T I F I S S G J V O U J I U X V N P
G T R T V N O I S U R C K P C H F R K S
H R N Y Z G U P F U T K A E C F V M O P
K A E J D S P P Z Q U U I P N M L F P S
L V W G D T D A N D J O N B O N J O V I
I O A I W E S N J Y Y E L M U V W X V M
S L R P V I I Y C G N R Z Y Y D C M G K
U T K D D N E C B I N N C J J A E W T T
S A B V Z P N Y N P R I N C E T O N L C
M E N L O P A R K P X J A S M D W O E F
```

BRUCESPRINGSTEIN	JONBONJOVI	TRENTON
SAQUELLEONEIL	PARSIPPANY	TOYSRUS
ATLANTICCITY	MENLOPARK	NEWARK
JOHNTRAVOLTA	PRINCETON	CAMDEN
CAMPBELLSOUP	HOBOKEN	GIANTS

NJ Fun Fact - The world's largest model railroad, Northlandz, is located in Flemington, New Jersey.

New Mexico - NM

Entered Union: 1912
Nickname: Land of Enchantment
Motto: "Crescit eundo" (It grows as it goes)
Bird: Roadrunner
Plant: Yucca
Capital: Santa Fe

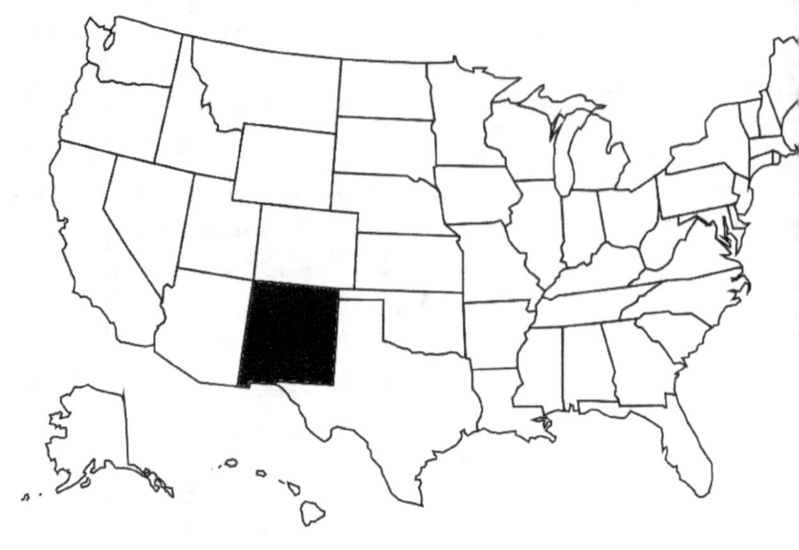

New Mexico

```
I B X C L K W D G G K O N J X T A Z M D
J S U A G K G Z Z X Q U H S S K A E D G
H K O N R Y B A W U A V H E F B L F L M
L L L T I C G Q U R Y A Z B H G B L J V
X K P W O Y G R Z O S C Y F D H U Z O I
S C M U U P E X D S A G E A T B Q C H U
A E A C E G E Q X W N E A R T C U H N L
C J K R G B Q S K E D O J M W J E N D T
M U Y F L V L B A L I W F I C C R W E Z
H W T K E S F O M L A N P N S E Q Z N H
N V W Q B P B C V N M I A G R O U J V N
L U H L Q Q L A X J T M L T F I E L E Q
O K I U E Z N I D E S Y A O U W U A R L
B X T J O T W X S F L L M N H Z F S S P
O V E E N I K V A F Z U O Q E U E C M S
S Z S I M K G W N B Z Z G T X L E R E K
K X A Z G B N O T E L J O Z O G A U S A
E F N T D N G O A Z U C R O U U V C L F
A P D P K N P Q F O O C D F A N L E U H
L M S H Q R B T E S F H O I Z K I S W T
```

ZUNI	CARLSBAD	WHITESANDS
LOBOS	ISOTOPES	FARMINGTON
PUEBLO	LASCRUCES	JOHNDENVER
SANTAFE	JEFFBEZOS	ALAMOGORDO
ROSWELL	SANDIAMTS	ALBUQUERQUE

NM Fun Fact - New Mexico has the largest percentage of Hispanic residents in the US.

Nevada - NV

Entered Union: 1864
Nickname: Silver State
Motto: "All for our country"
Bird: Mountain Bluebird
Plant: Sagebrush
Capital: Carson City

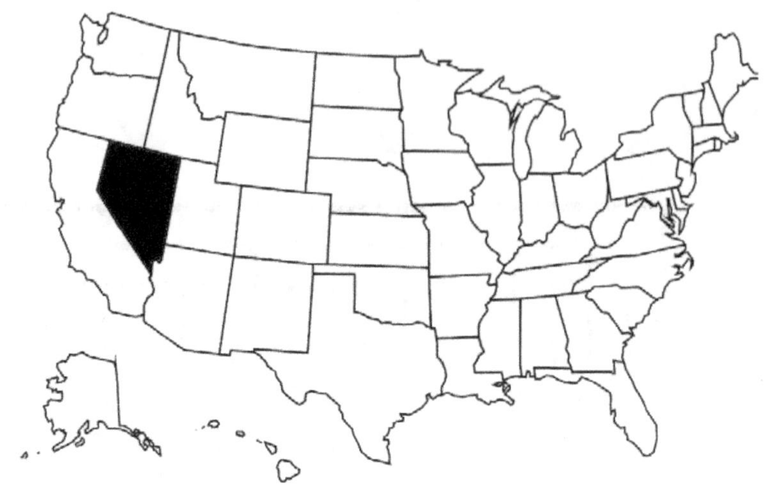

Nevada

```
W S O R Y E D G E R E N O L P M W C M H
Z H Y Z F Y N L A S V E G A S H S Y K E
K M M G E A Y C M F B I J M Y V J A I Q
A P P A V O N B D I G L O K V A W C E X
A G D C P N P N U J R Z O R Q O H F O C
U C F A O T L K U R I A M Y G N F J P V
M W W E I C G A D X N X G T M E Z B H K
G O T D M A T S R G F I C E A N O Z T Y
M L B E D R C A V E R Z N Z V I F Z F L
R F D S A S R H N A A S T G O L W B F E
E P O I W O K R J D L 5 X F M I Q H M B
S A T Y N N M T U V R L 1 Z T A A C M U
O C S J W C E L Y P I E E A U X N I E S
R K O R E I C U Z S B M A Y M A Z F U C
T U E N L T V G Z N Q D Z G O P T I P H
S N F X L Y T H E S T R I P A F S U O V
O O O P S B A Q B F K V K Y Q S F Q X E
H B E W U M L A K E T A H O E L S I I S
I B M X W A M K Q N K G P Q R K A I R P
B R M G Z S P A R K S O K V I X H R P E
```

RENO	THESTRIP	BURNINGMAN
SPARKS	WOLFPACK	CARSONCITY
AREA51	LAKETAHOE	MGMRESORTS
MIRAGE	KYLEBUSCH	ANDREAGASSI
LASVEGAS	DAWNWELLS	VALLEYOFFIRE

NV Fun Fact - The Hoover Dam, located on the border of Nevada and Arizona, is one of the largest dams in the world.

New York - NY

Entered Union: 1788

Nickname: Empire State

Motto: "Excelsior" (Ever upward)

Bird: Eastern Bluebird

Plant: Rose

Capital: Albany

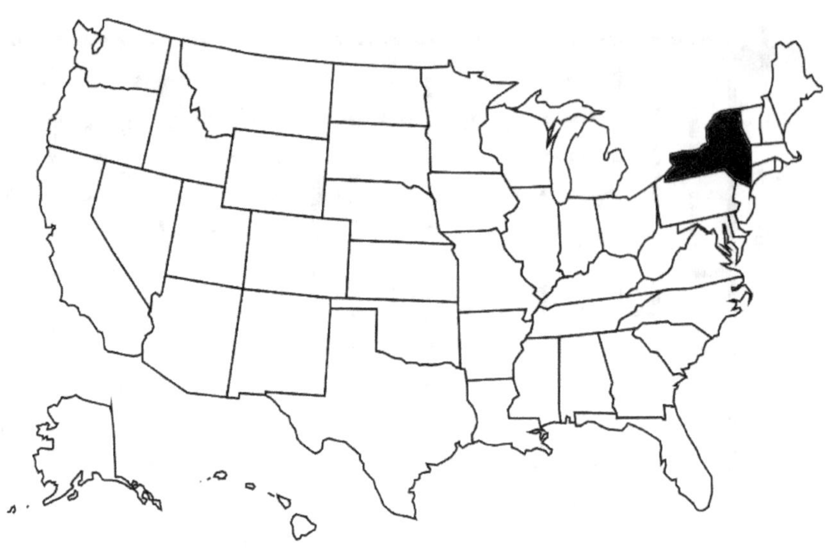

New York

```
O B G U S G B T D U Y A P Z T T M W T E
I U N C E N T R A L P E R K A C Q B M U
E F U R R M N I A G A R A F A L L S J Y
H F C E O J Y W N H D V H S A V A M I X
G A M F C D A T O M I K O U L E S P V F
Z L T M H O N C R Y E W F B Z T N B S
O O O F E N K W M M M L I S A F V B R L
Q K W U S A E C A L P P I L N J V N O A
H R L N T L E R N F I B J U Y Q P Q A K
D B Z V E D S H R V R W X F S R I E D E
H Q Q R R T M D O Z E D P N U V O E W P
P F U G I R V G C D S C S B A Z G T A L
R O X Z F U N Q K R T R P Y U H C P Y A
C R U S W M O Y W F A J E I R M F J M C
M C D A A P C G E O T T X G I A S N L I
H Q C C I Z Q H L F E Z M O M S C Y Y D
F B B F B E M P L X J W F C J R K U Z U
M I U C Q Z M E T S C D N O V M M A S N
O G O S M O U N T V E R N O N S E P C E
A V E K M T E D D Y R O O S E V E L T O
```

METS	SYRACUSE	EMPIRESTATE
ALBANY	ROCHESTER	CENTRALPERK
BUFFALO	LAKEPLACID	NIAGARAFALLS
YANKEES	DONALDTRUMP	NORMANROCKWELL
BROADWAY	MOUNTVERNON	TEDDYROOSEVELT

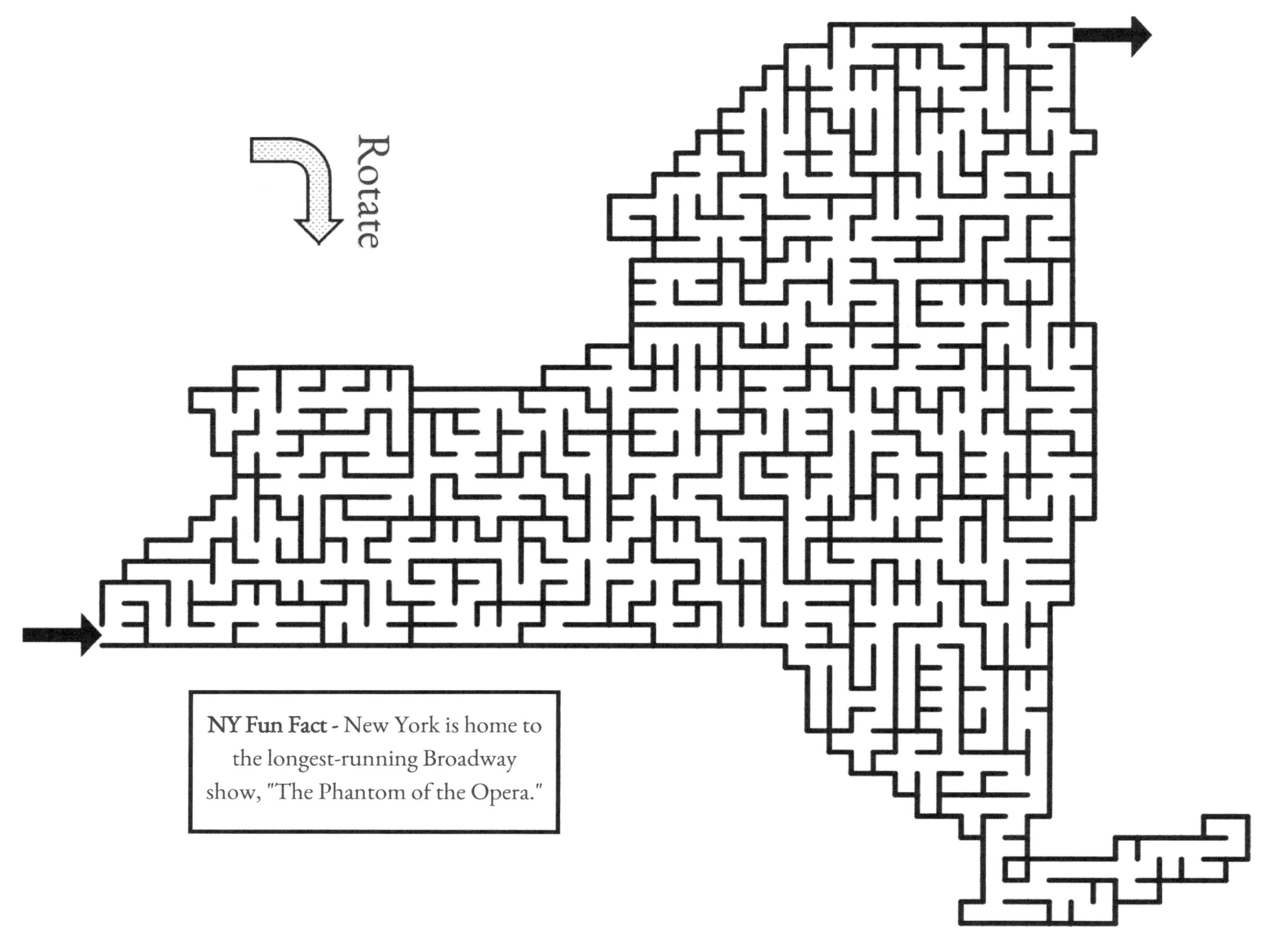

Rotate
NY Fun Fact - New York is home to the longest-running Broadway show, "The Phantom of the Opera."

Ohio - OH

Entered Union: 1803
Nickname: Buckeye State
Motto: "With God, all things are possible"
Bird: Northern Cardinal
Plant: Scarlet Carnation
Capital: Columbus

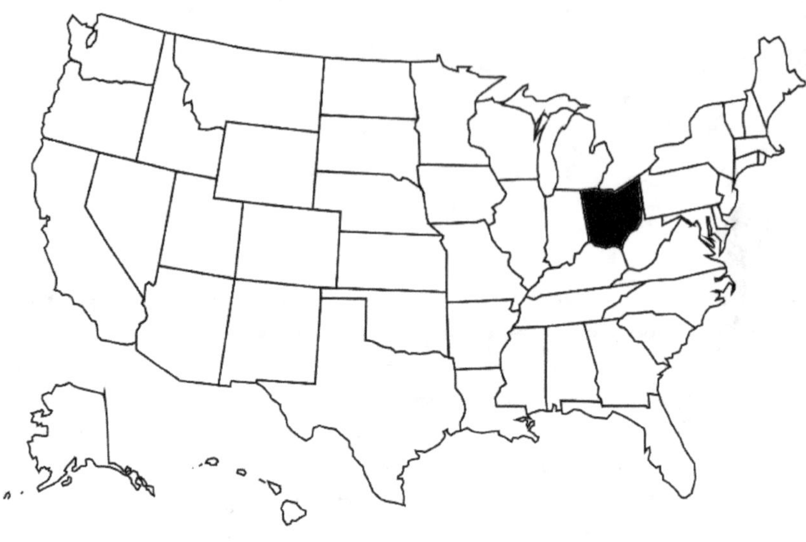

Ohio

```
C S E T U I Q E S C L E V E L A N D B D
F H Y O U N G S T O W N C A L C I B X Q
O B E N B N G A N N I E O A K L E Y V Z
C U E B V C I V P Q M U J N X O U A P G
C C X H A N U W E B X S H S S K W U G F
B K P V W P B Y C Q F O N U J N J P Q H
R E X Q U T R V A O W Q N D J G O F A U
O Y C L P Q H O Q H L G N F U I O H S D
W E I Y Z A T O C U O U U K Q K Y U U E
N S N I A E R H D T L G M T T S K A G Q
S U C O E C G O O I E A A B G J P A D Z
Q O I X K I B T C M I R F R U W T Z Q M
J Q N S Z L H E N K A N G M I S O T W D
U Z N D K N A V V C A S O A E V H L B X
H B A K R D A Y T O N N E S M C E Q E E
J V T S X I G R E K L D D D N B V R N R
O R I N Q F R Y Q P F S Z R I W L L G B
N P L I H J R O A A K R O N O S V E A Y
L Z M H Q A Z D Q E V O V K U L O O L J
Q Z L N E I L A R M S T R O N G L N S E
```

AKRON	BUCKEYES	ANNIEOAKLEY
DAYTON	CLEVELAND	THOMASEDISON
BROWNS	CINCINNATI	CUYAHOGARIVER
BENGALS	YOUNGSTOWN	PROCTERGAMBLE
COLUMBUS	ROCKANDROLL	NEILARMSTRONG

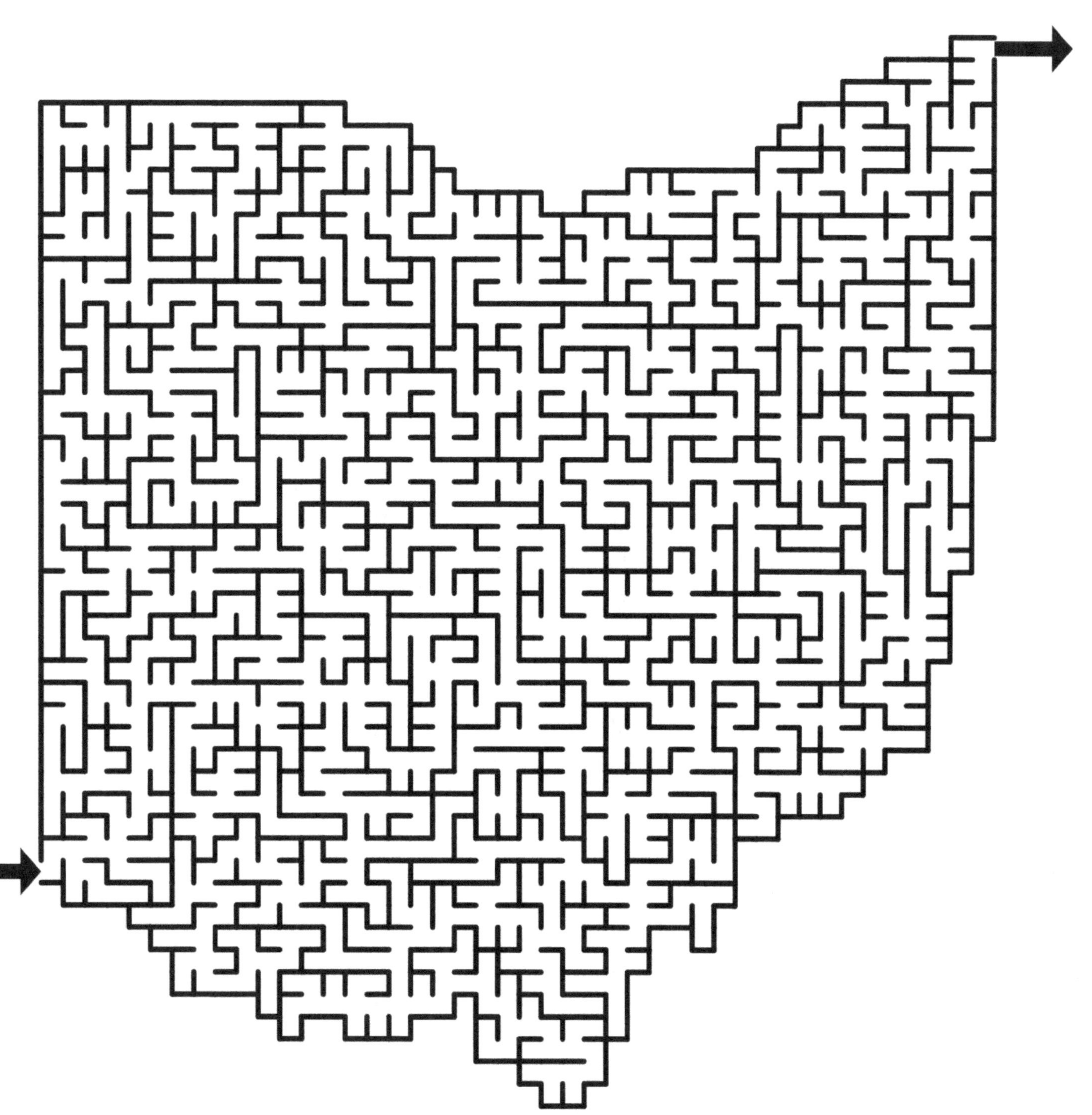

OH Fun Fact - The first professional baseball team, the
Cincinnati Red Stockings, was established in Ohio in 1869.

Oklahoma - OK

Entered Union: 1907
Nickname: Sooner State
Motto: "Labor omnia vincit"
(Labor conquers all things)
Bird: Scissor-tailed Flycatcher
Plant: Oklahoma Rose
Capital: Oklahoma City

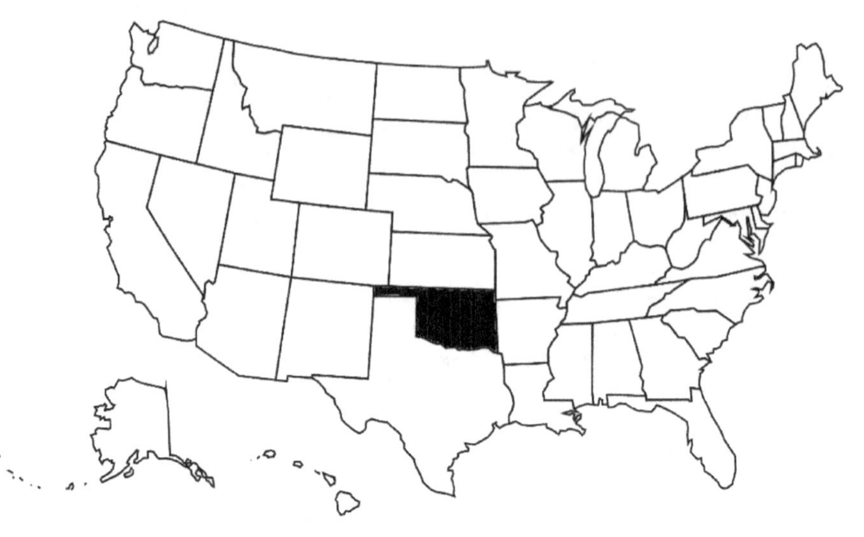

Oklahoma

```
H W O S Z Y G A R T H B R O O K S A M S
H O Q H K T O R N A D O A L L E Y N D S
T U L S A U Z N O O K Q O X V E Y G F B
O M X D F X B F K J I U N Y K U I L Y S
X B S W P D N D L C A L J I Z P O A A T
E B Y H B P G V A H I M W F C Z E K M I
U N L R R A P D H U O B F E H C J E H L
L R G B A N G H O C F R H G L N O T C L
V A I Y D H A M M K L O U A W L M H P W
A B U H P A D D A N O K P V V R S U C A
D X K K I N K Y C O M E G Z U E E N A T
H Q U I T D M H I R X N M I S U D D M E
W I C S T L E T T R U A I Q E S M E B R
D F H C A E L C Y I I R B X Q O O R E N
B N G V Z C E B V S I R V P Q M N B U J
N X O S O O N E R S U O A P G C D I X H
A N W E B X S H S S K W W U G F P R V W
B N O R M A N Q F O N U J N J P Q D H X
Q U T V W Q N D J G O F A U L P Q H Q G
N F U I O H S R E D R I V E R D Y Z A O
```

TULSA	REDRIVER	GARTHBROOKS
NORMAN	BRADPITT	CHUCKNORRIS
EDMOND	PANHANDLE	OKLAHOMACITY
SOONERS	STILLWATER	TORNADOALLEY
OILWELLS	BROKENARROW	LAKETHUNDERBIRD

Rotate
OK Fun Fact - Oklahoma is known as the "Sooner State" because settlers claimed land sooner than they were supposed to during the Land Run of 1889.

Oregon - OR

Entered Union: 1859
Nickname: Beaver State
Motto: "Alis volat propriis"
(She flies with her own wings)
Bird: Western Meadowlark
Plant: Oregon Grape
Capital: Salem

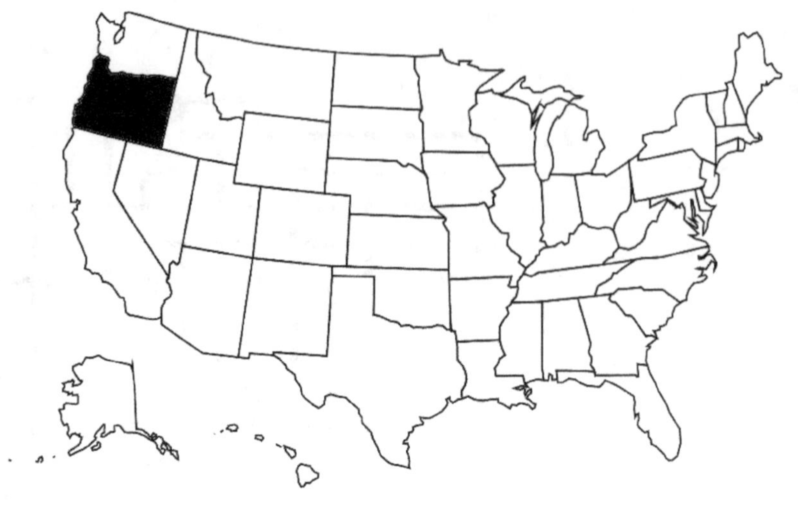

Oregon

```
W T K E F M N P S E Z H M N V Q B P C V
N B I R O J N U L Q Q L A X M F I Q K U
C E E Z N I Y U W P O R T L A N D U L X
O J O A T W X L L H Z F T S P T V E C N
L I K V V Z U Q E U E C G M S R Z I O M
U K G W Z E U G E N E O R Z W A T X R L
M E E K K X R Z G B N L O O I I L J V O
B G A S A E F T T D N U E G L L O D A U
I C M T H O O D O O U M N V L B L U L F
A A P P K N P Q O N C B I F I L A C L L
B U L I N U S P A U L I N G A A H K I L
R M H Q R B T F H I Z A G K M Z W S S T
A F H Z G X O Q K D H R Z F E E M A R G
N H D T P T L Q N Q Y I V Q T R I R K O
D Z J V W Y S L G B T V F H T S G F Z N
C R A T E R L A K E N E D G E C W R T K
I R F Z A X K P L W U R K S S W Y U P E
C V K B I X E P Z E B G T M P K R P L O
A A L U K D N G C I M V G K R R M Z O R
P O T W H F L S W B D L B D W W N I K E
```

NIKE	PORTLAND	MATTGROENING
SALEM	BEAVERTON	LINUSPAULING
DUCKS	CORVALLIS	TRAILBLAZERS
EUGENE	CRATERLAKE	COLUMBIARIVER
MTHOOD	WILLIAMETTE	COLUMBIABRAND

Rotate

OR Fun Fact - The state is home to the world's tallest barber pole, standing at 72 feet in Forest Grove.

Pennsylvania - PA

Entered Union: 1787
Nickname: Keystone State
Motto: "Virtue, Liberty, and Independence"
Bird: Ruffed Grouse
Plant: Mountain Laurel
Capital: Harrisburg

Pennsylvania

```
X B E T H L E H E M S T E E L R A D M L
X N I P H O X O B X H L E N A W U L W B
H F L C I Q A Z H B C U M A H V H V S V
A X Q D H T I U Q I Q K U N M M B S H X
M L D I E X T D Q Z G K M G S A H T A N
I I N Z R J L S Q M T K D B A S N A R W
S B N Z S X G X B A O U D F U O K Y R P
H E G Q H H N D V U N M G D Z N A L I O
C R C C E O Q Y C Q R V I N W D E O S X
O T I A Y C C K S I A G A V D I A R B W
U Y J Q D N P D B R F Q H H E X G S U S
N B G E T T Y S B U R G X Z B O L W R L
T E C A R N E G I E M E L L O N E I G V
R L Z T J O E B I D E N V B V L S F G U
Y L D G V Z K S J B V W Q Z X I I T E N
Q I G O I H Z E G S A I O G D N R M Y R
X Q P H I L A D E L P H I A A E Y M W P
L U Y P H O Y N D H V D L C W M K K S N
C F M T D C U B O Q R Z L P P S E O G I
S T E E L E R S W V A L L E Y F O R G E
```

EAGLES	HARRISBURG	PHILADELPHIA
HERSHEY	GETTYSBURG	AMISHCOUNTRY
JOEBIDEN	VALLEYFORGE	CARNEGIEMELLON
STEELERS	LIBERTYBELL	BETHLEHEMSTEEL
PITTSBURGH	TAYLORSWIFT	MASONDIXONLINE

PA Fun Fact - The first daily newspaper in the U.S., The Pennsylvania Packet and Daily Advertiser, was published in Philadelphia in 1784.

Rotate

Rhode Island - RI

Entered Union: 1790
Nickname: Ocean State
Motto: Hope
Bird: Rhode Island Red
Plant: Red Maple
Capital: Providence

Rhode Island

```
T W H I T E H O R S E T A V E R N K D B
O A N L W N Z X G X A O U D F U K P G Q
H L N D I V N M G D Z A C O V E N T R Y
N O I C C T O Q P A W T U C K E T Y P C
A B Q V V I T N W X I A C C K S I E R A
R R A V E D W L J Q D N P D B R F A O Q
R O H E S R C X E Z B L V Z T V B S V V
A W G U H D H U G R V Z K S J B V T I W
G N Q Z A X I A M E H N Q I G O R P D I
A U H Z S W E G Z B S O A I O G U R E D
N N R M B O Y R X A E Q D A Y M T O N W
S I P L R O U Y P H R R O Y Y N H V C D
E V H V O N D L N C W D L M K K B I E S
T E N C T S F M T E D C P A U B U D O Q
T R R Z O O L P P S W E O E N G Z E I W
B S C L Y C I E I U O P S N R D Z N C V
A I S O S K P V R J X G O A O R I C G L
Y T E W E E I L L Q H N C R P R Y E K K
F Y D X I T Y Q W O L N X J T U Y Y A K
C W P L I H P L O V E C R A F T A C P N
```

NEWPORT
COVENTRY
PAWTUCKET
RUTHBUZZI
PROVIDENCE

WOONSOCKET
CUMBERLAND
HASBROTOYS
HPLOVECRAFT
LITTLERHODY

EASTPROVIDENCE
NARRAGANSETTBAY
BROWNUNIVERSITY
WHITEHORSETAVERN
OLIVERHAZARDPERRY

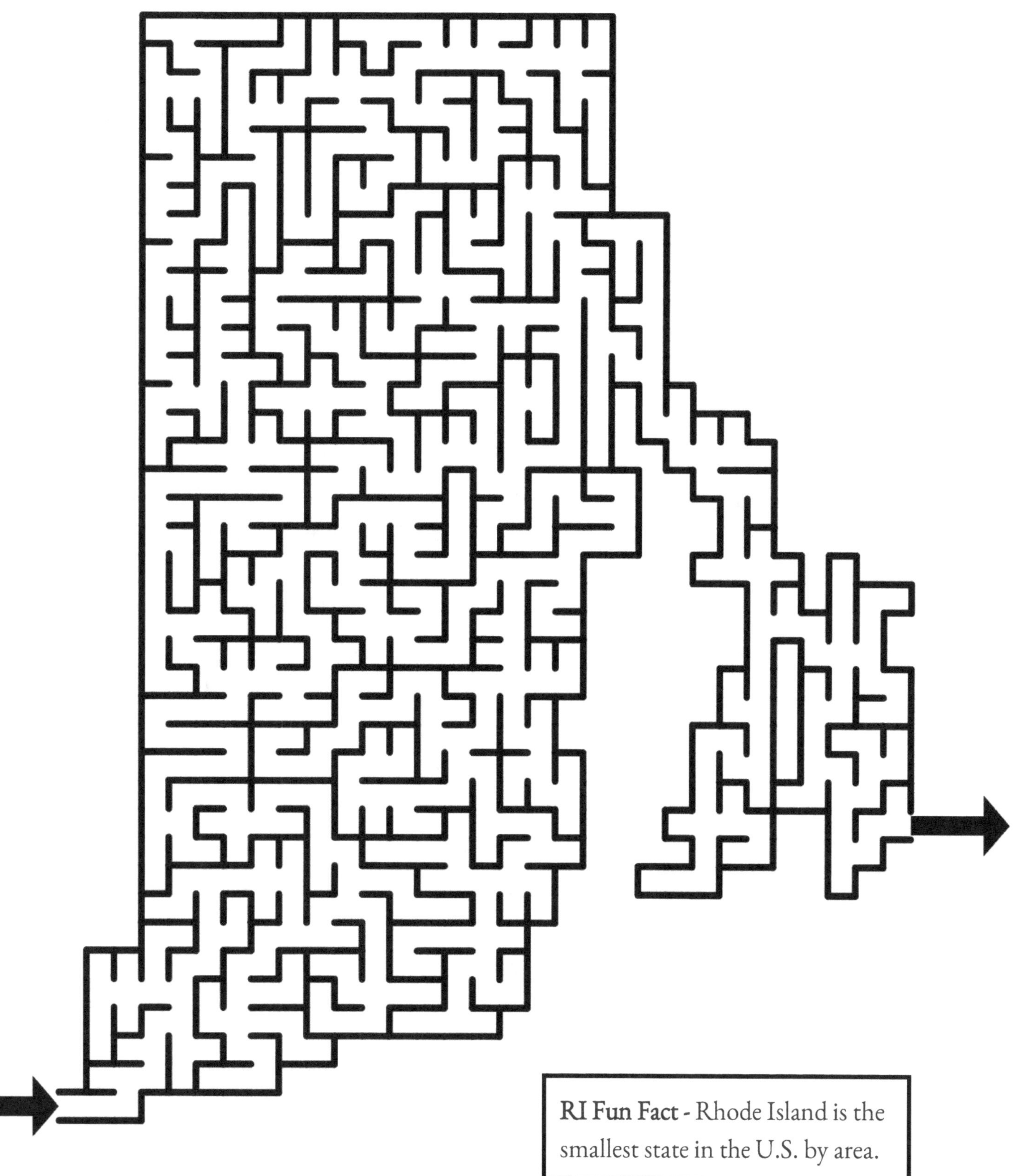
RI Fun Fact - Rhode Island is the
smallest state in the U.S. by area.

South Carolina - SC

Entered Union: 1788
Nickname: Palmetto State
Motto: "Dum spiro spero"
(While I breathe, I hope)
Bird: Carolina Wren
Plant: Yellow Jessamine
Capital: Columbia

South Carolina

```
M H K H C I D K V G L R A N I K A J R L
S I C M Z O K L U S S Y O R K T O W N U
A L Z H J M G W X N Y G R J B X U S D Y
I T A I A J K G A U D M U R W G L W I F
V O J C L R S R H Y Q N Q Z O O U H Z M
D N H I V M L E S V H V H B M E H Y Z B
M H U V L X M E G O O S E C R E E K Y G
S E W I D F N N S D U B X B N A J J G A
N A B L E F U V X T M W K R D I S Q I M
C D D W O O O I W L O C I T A D E L L E
R I C A Y R U L W A S N Y N T H X G L C
J S B R A T G L O W R F A Z Y R C C E O
G L R Z R S J E B Q D Y Q W W E P D S C
B A W M D U F R O G M O R E S T E W P K
X N T S U M K Y V K W M N Z S E Y K I S
N D A A R T Y Q N U V D Y W A L A Y E F
S S P Q N E A N A N M T R L D F L D W K
U K E P O R D C O L U M B I A M P O M N
T M Y R T L E B E A C H F G J V U J I U
V A N N A W H I T E J A M E S B R O W N
```

CITADEL	GREENVILLE	USSYORKTOWN
COLUMBIA	FORTSUMTER	MYRTLEBEACH
CIVILWAR	GOOSECREEK	FROGMORESTEW
GAMECOCKS	JAMESBROWN	DIZZYGILLESPIE
CHARLESTON	VANNAWHITE	HILTONHEADISLAND

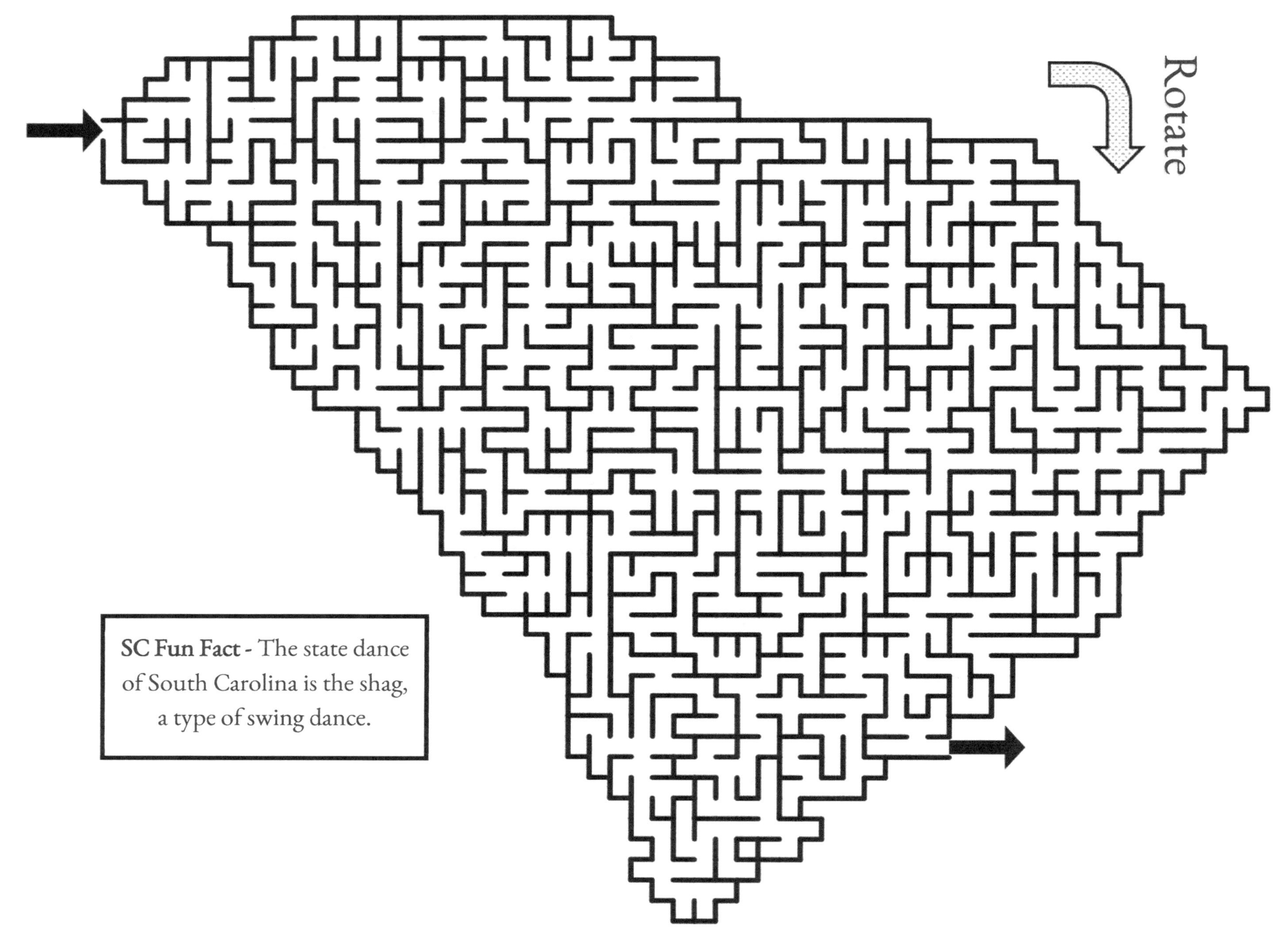

Rotate
SC Fun Fact - The state dance of South Carolina is the shag, a type of swing dance.

South Dakota - SD

Entered Union: 1889
Nickname: Mount Rushmore State
Motto: "Under God, the people rule"
Bird: Ring-necked Pheasant
Plant: Pasque Flower
Capital: Pierre

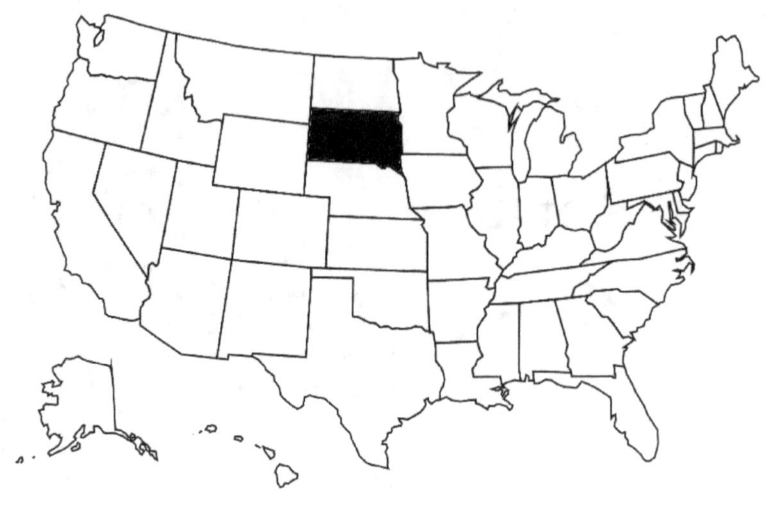

South Dakota

```
U V O Y O N G O F G A M O D I U Q F W W
Y Z U O O O Q D X L M R H B Q C W O M X
K U D C L B R O O K I N G S G O S O T O
M F T J R B S I W H W K Y J Z Y I J R M
A Q N Q V A N C O X W R I A C O K X U B
R X C L E G Z D D O A L L N K T J K S L
T T X U R K K Y L X N Z V U J E R D H A
S L B A M Z C Y H D O E H A R S T H M C
I D E S I I N P L O G M G R R X R O O K
T K Q J L T J T H N R F J Y O I H R R H
T W M Y L K O A S F G S R J J Y E Y E I
I K A R I A L K C I Q C E O I H R S Y L
N A B A O L M G O K O R P N C Z X U M L
G V E P N A J T J P R U Z E A Y X F I S
B X R I H S Q I Y S Q A X S F J J E T K
U V D D K A P I E R R E B F Z M A B C L
L Y E C W H H P R X O R V B A L X T H T
L N E I B R G S X Q B B B W I L M A E J
N C N T U L Y C T N T Q C L M T L O L I
F I W Y H Z C Z X T B Z U Y M V S S L H
```

PIERRE	BROOKINGS	BLACKHILLS
COYOTES	ZITKALASA	VERMILLION
ABERDEEN	SIOUXFALLS	SITTINGBULL
MITCHELL	MTRUSHMORE	JACKRABBITS
RAPIDCITY	CRAZYHORSE	JANUARYJONES

Rotate
SD Fun Fact - The Badlands National Park
contains one of the world's richest fossil beds.

Tennessee - TN

Entered Union: 1796
Nickname: Volunteer State
Motto: "Agriculture and Commerce"
Bird: Northern Mockingbird
Plant: Iris
Capital: Nashville

Tennessee

```
O T W X L L H J Z F S P V E N I K V Z U
Q K E U E M M S A D O L L Y P A R T O N
D Z N I M K G U W C Z Z T X L E E K K X
A Z G O B N O L R J K O G A S A E F G T
V A D N X G O U C F O D U V L F A P R P
Y R K N P V Q O C F R A A L U H L M A H
C E Q R B T I F H I Z E K N W T F H C Z
R T G X O Q K L D H Z F E M I A R G E H
O H D T P T L Q L N Q Y V S Q E I R L K
C A O M J V W Y L E G B T F B H L G A F
K F C H A T T A N O O G A Z N O N S N D
E R G C W D T M E M P H I S K I R R D F
T A Z A X K A N D R E W J O H N S O N P
T N W U K S S W Y U N A S H V I L L E P
E K C V K B V O L U N T E E R S I X E P
Z L B G T M P K R P L O A A L U K D N G
C I I V G K R R G R A N D O L E O P R Y
M N Z O R P O T W H F L S W B D L B D W
W O A J V C R Q J T I T A N S C I A O I
P F X B E A L E S T D Y T L D F D A G G
```

TITANS	GRACELAND	MURFREESBORO
MEMPHIS	VOLUNTEERS	GRANDOLEOPRY
BEALEST	CHATTANOOGA	DAVYCROCKETT
NASHVILLE	JACKDANIELS	ANDREWJOHNSON
KNOXVILLE	DOLLYPARTON	ARETHAFRANKLIN

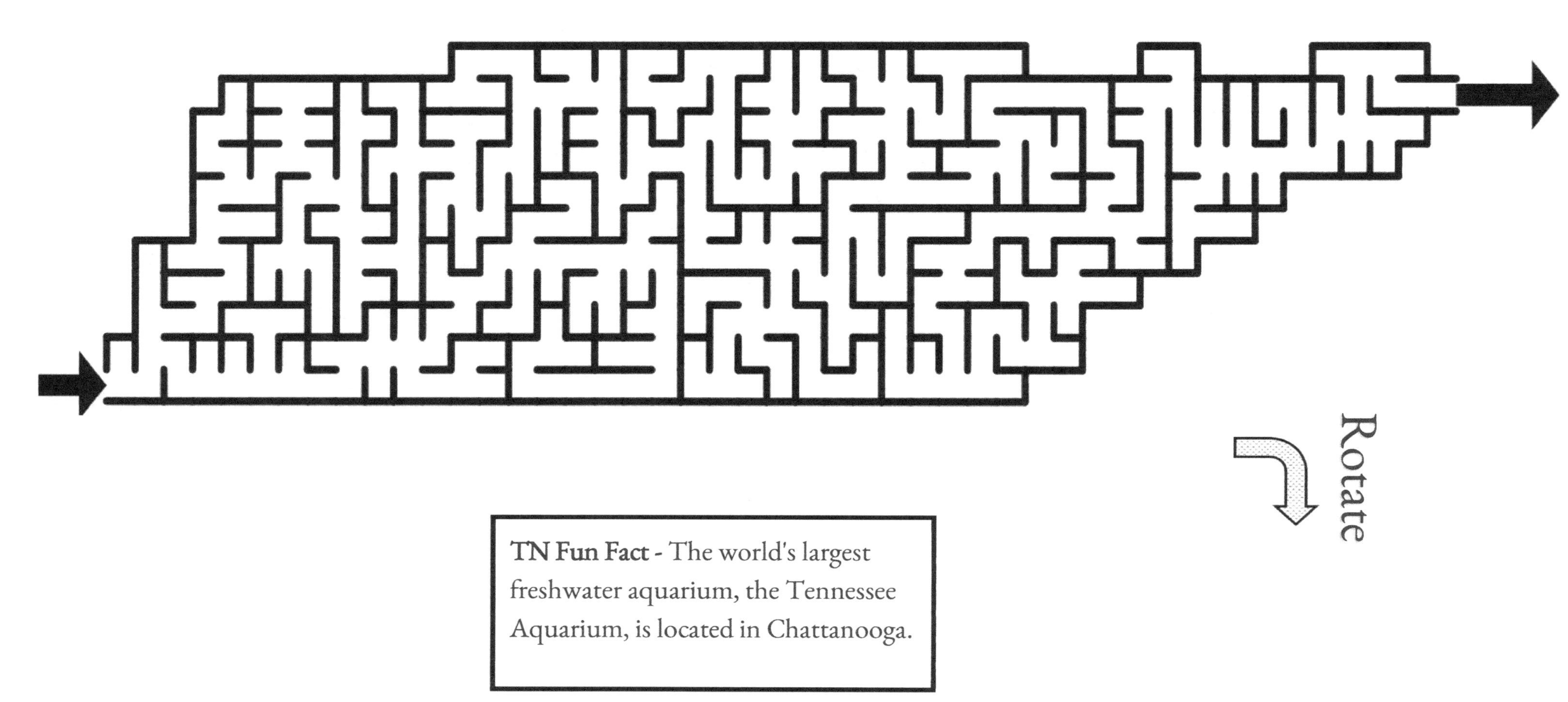

Rotate
TN Fun Fact - The world's largest freshwater aquarium, the Tennessee Aquarium, is located in Chattanooga.

Texas - TX

Entered Union: 1845
Nickname: Lone Star State
Motto: "Friendship"
Bird: Northern Mockingbird
Plant: Bluebonnet
Capital: Austin

Texas

```
U J D P W I A R P T O L V Z M U A P M M
P Q K J A M I E F O X X T V O D L M A Z
N Q U F O R T W O R T H X U J T A D J L
T D Z E Y Z R T O E G D V R W Q M F A D
G A Q X U O R D H U N S O Q R S O P Q K
E L P A S O J E M I C H A E L D E L L O
P I J G F A M G D S G U P A I H E Q C R
I Q I J O H N S O N S P A C E C T R A J
Y R U R H W I X E S D J S O Q Q W D J W
Q Z X Z I B H G B P J T Y R A A C A Y J
A P D I L O E O M F Q E J P U A X L Z C
Q T J M J I G Y U J J O L U S Y Y L F O
X Y I V H J K R O S L R W S T Y W A M W
C G M Z F C T O A N T P D C I X Z S M B
L L L K Q I I Z D N C O Q H N I O B Z O
L A W X D C K C I M D E N R W X C Z U Y
L O N G H O R N S B L E G I M X Q D F S
Y D J O L Y Q L J Q H H U S J R X S E T
P H S J I E Q V B G Z H E T C R T N P K
Y Z B F H S A N A N T O N I O V P Z S H
```

ALAMO	BEYONCE	JAMIEFOXX
DALLAS	COWBOYS	SANANTONIO
AUSTIN	FORTWORTH	MICHAELDELL
ELPASO	LONGHORNS	CORPUSCHRISTI
HOUSTON	RIOGRANDE	JOHNSONSPACECTR

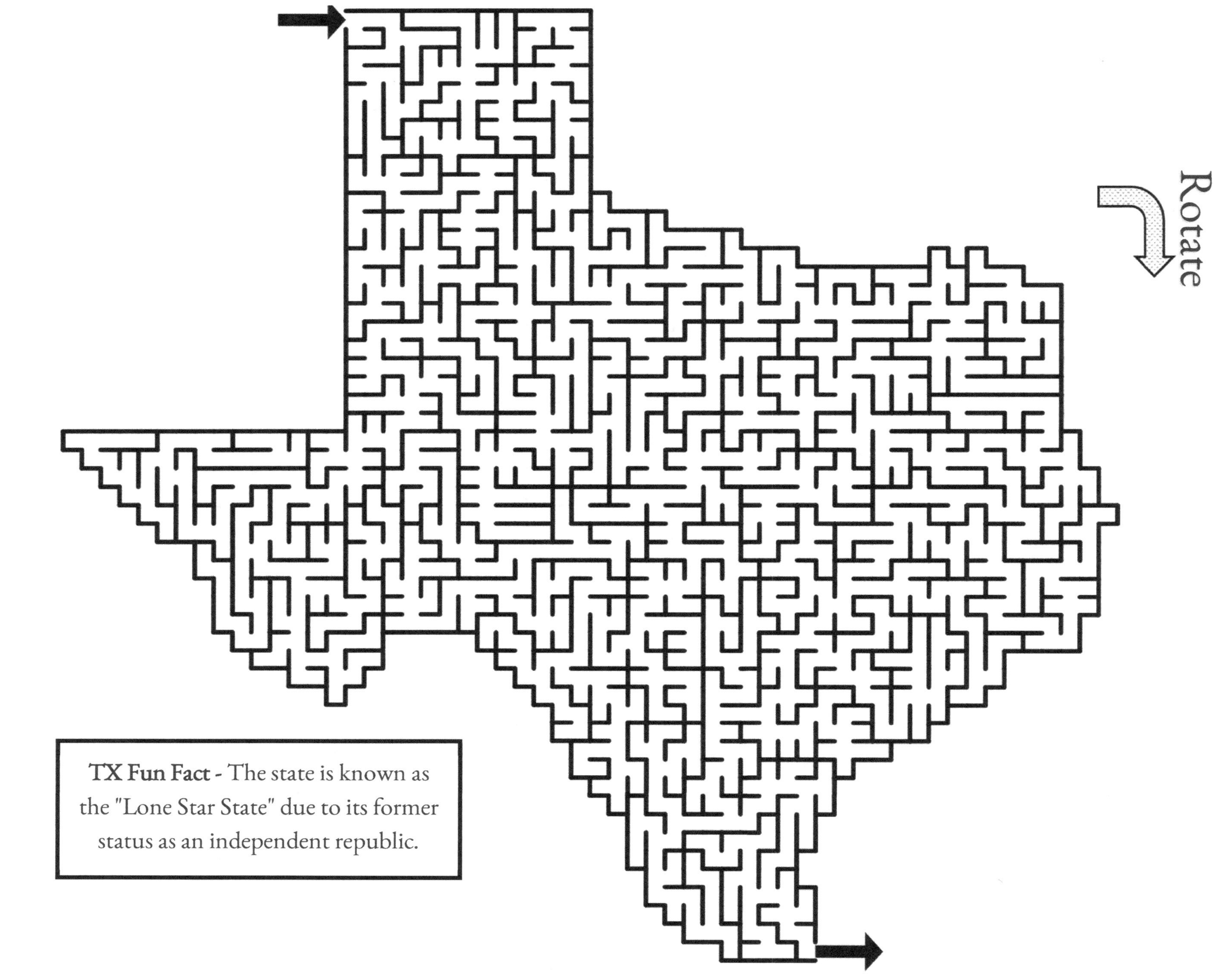

Rotate

TX Fun Fact - The state is known as the "Lone Star State" due to its former status as an independent republic.

Utah - UT

Entered Union: 1896
Nickname: Beehive State
Motto: "Industry"
Bird: California Gull
Plant: Sego Lily
Capital: Salt Lake City

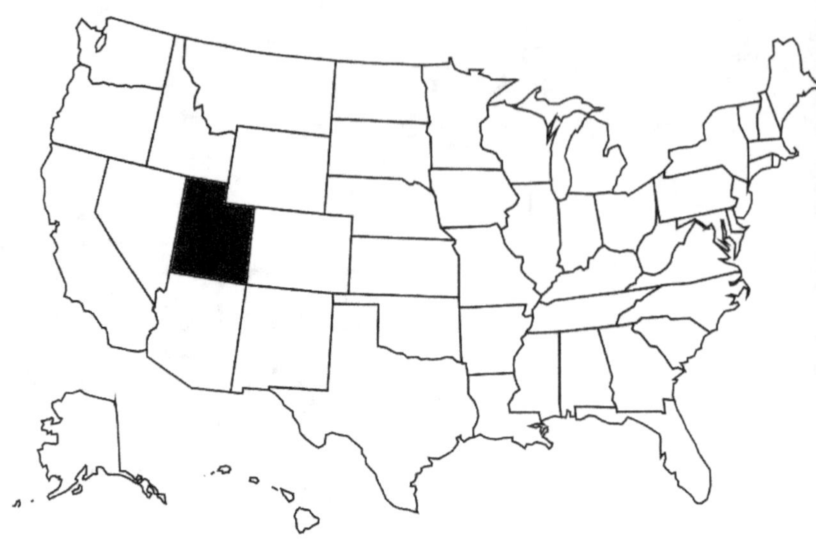

Utah

```
V M P L A K E P O W E L L Q M U J N X O
U A O P G C X H A N W E B X S H S S K W
U G F A P V W B B Y U C O U G A R S Q F
O N U J B S S A N J P O S M O N D S Q H
X Q U T V A T R W J A C K D E M P S E Y
Q N D J G L E C O F A U L P W Q H Q G N
F U I O H T V H S D Y Z T A A O U U K Q
K Y U U E L E E I A E D E L S T T S K A
G Q U O E A N S C G I A M G A J P A D Z
Q O X K I K C N B T I F P W T T Z P Q M
J Q S Z L E O A H E N N L M C O T R W D
U Z D K N C V T A V V C E O H E H O L X
H B K R S I E L C Q E J S V M S X V L I
G R E K L T Y P D N V R Q O T R N O E Q
F R Y Q P Y F A S Z W L U B S N P L H I
H J R O A V Y R L Z M H A Q O A Z D I Q
E U T E S V O K V K U O R J Q G Z L E O
W N W G E K G Z J S Z V E A P V D Z T M
D S T G E O R G E O A Z Y V N I L E N T
Q B Q D Y W H I C H R V G M V W I U N P
```

MOAB	OSMONDS	STEVENCOVEY
LEHI	STGEORGE	JACKDEMPSEY
UTES	BYUCOUGARS	SALTLAKECITY
PROVO	WASATCHMTS	TEMPLESQUARE
OGDEN	LAKEPOWELL	ARCHESNATLPARK

UT Fun Fact - Utah is home to five national parks, known as the "Mighty 5": Arches, Bryce Canyon, Canyonlands, Capitol Reef, and Zion.

Virginia - VA

Entered Union: 1788
Nickname: Old Dominion
Motto: "Sic semper tyrannis" (Thus always to tyrants)
Bird: Northern Cardinal
Plant: Dogwood
Capital: Richmond

Virginia

```
C E J W U C L Y N C H B U R G T Z S R L
R T H O M A S J E F F E R S O N Q Q N K
G M U Z U N K N O W N S O L D I E R O P
U E U S M N O H C G B P T D A U D A R O
F T O N Y L Y P B P A O K A P D E U F W
C Q H R K Y K R A Z L E U O P E I U O Y
H N W T G J U I L K J A R U O J D Y L D
E E Z P L E K V O W B O I W M M T Q K B
S W X Z V W W W I V O G C P A X R A G R
A P U P V I S A T R V I H F T H G W B H
P O L P Y L U E S O G V M C T O N R Y I
E R F O F L Y D X H Y I O K O K O T Z K
A T M R T I F U Z L I R N A X I T C Z O
K N G T N A K J B B I N D I K E H N J L
E E K S I M V Z B V J N G O A S P I N B
B W Z M O S V B N J I B T T R B D V A N
A S C O N B X N Y F J X G E O H E U S X
Y C G U Y U B V P E N T A G O N T A D J
D M L T W R E O S J A M E S T O W N C E
C V R H Z G J Q E S N L W V G P S I W H
```

HOKIES	LYNCHBURG	VIRGINIABEACH
NORFOLK	APPOMATTOX	CHESAPEAKEBAY
RICHMOND	PORTSMOUTH	UNKNOWNSOLDIER
PENTAGON	NEWPORTNEWS	THOMASJEFFERSON
JAMESTOWN	WILLIAMSBURG	GEORGEWASHINGTON

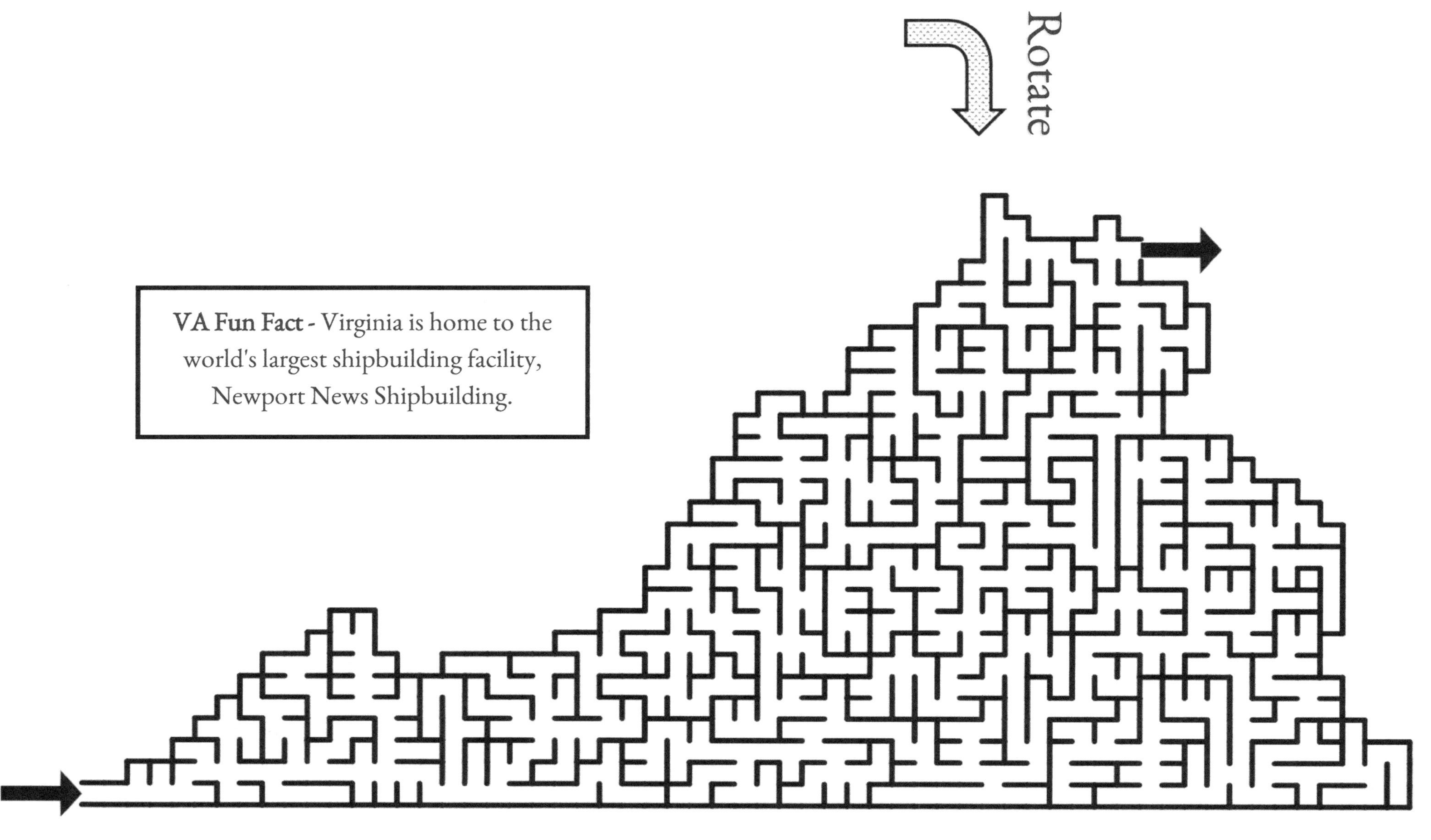

Rotate
VA Fun Fact - Virginia is home to the world's largest shipbuilding facility, Newport News Shipbuilding.

Vermont - VT

Entered Union: 1791
Nickname: Green Mountain State
Motto: "Freedom and Unity"
Bird: Hermit Thrush
Plant: Red Clover
Capital: Montpelier

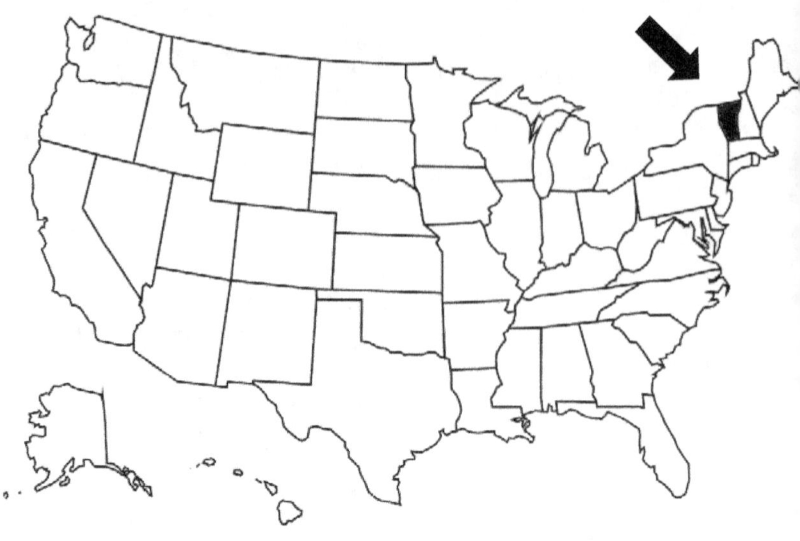

Vermont

```
K K G B G E O R G E D E W E Y M Z W Y I
B J W X E P B Z B M V X N L S W L O R B
M O U K D R M A P L E S Y R U P A L L T
V S V I Z I N V W G E X C B M E K B S N
Q E X N M L E I I E A X V C J B E Q U F
V P B G O Z R T E X Y Z S V G E C C S W
S H I A N Y F M E S A T D X E N H A A H
G S I R T I D E K D A N U Q I J A L N V
P M A T P S O A L K D N G I C E M V B P
H I I H E C H B F E F Y D N K R P I E O
W T O U L S G B N X J J B E N R L N N K
C H B R I K N L Q W O F D E R Y A C N W
I J K F E Y N P D B Z S X N A S I O E R
L R E L R P Y B Y I O J K P T R N O T U
Y B J O U B U R L I N G T O N Q P L T T
Y M X U J K L Y O N X H K L S O A I R L
P Z Z R E I K U C I V M D M B B Y D Z A
K J L J Y Y H G J S Z Y T Q O T Q G S N
B A N E T T I E S T E V E N S M D E J D
I P M U B R A T T L E B O R O R O T R Z
```

RUTLAND	MAPLESYRUP	NETTIESTEVENS
BENJERRYS	GEORGEDEWEY	LAKECHAMPLAIN
TEDDYBEAR	BRATTLEBORO	BERNIESANDERS
BURLINGTON	SUSANBENNETT	CALVINCOOLIDGE
MONTPELIER	JOSEPHSMITHJR	KINGARTHURFLOUR

VT Fun Fact - Vermont has the
highest number of covered bridges
per square mile in the U.S.

Washington - WA

Entered Union: 1889
Nickname: Evergreen State
Motto: "Al-ki" (By and by)
Bird: American Goldfinch
Plant: Coast Rhododendron
Capital: Olympia

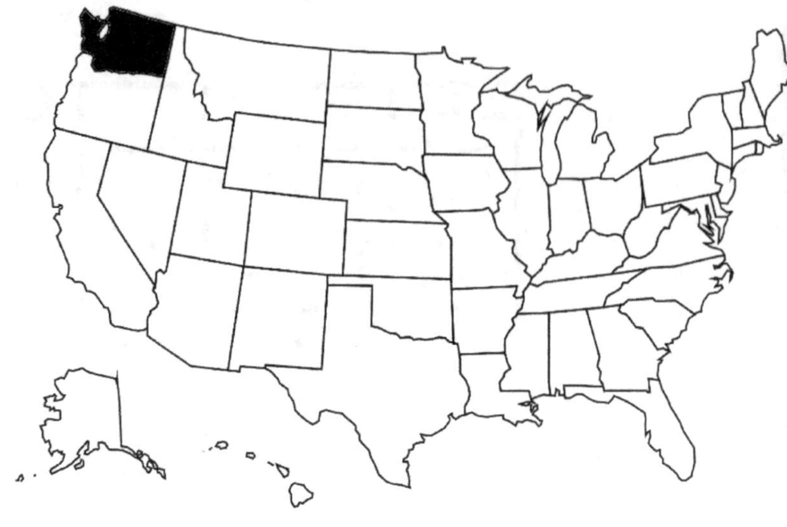

Washington

```
I P A B S P A C E N E E D L E L N O Z I
H D J Y X M R O E U I W L R I T U X S S
Z M H H C H J N V X N D F Q N D O A P U
D E P L B A C K U W H M V M U U D X O B
B M L W K Y A P P O S D O T N G T C K I
S U D V E X R M K N H E R R F G E Q A N
D O P U G E T S O U N D P A E E E S N G
S W H H K O A N H V R C A I O U M Z E C
E I U E V Z A M A Z O N Z N L D Q O S R
A F T W A J M L T R T D G I T R N O I O
H P O X N K B A S W S W A E S W L W S S
A M A B C O R T R E B L B R F E T T T B
W Y I O O Z S Z M I A I G I C V A F A Y
K N X E U C F T C Y N T L P O U C C R P
S I U I V J U V O Y O E T L N G O O B F
G A M N E O D I U Q F W R L G W M Y U Z
U O O G R O Q D X L M R H S E A A B C Q
W O X K U J I M I H E N D R I X T D K L
G S O O M F T J B S I W H W K Y Z E S I
J M A Q N Q N C O X W R I C K X R X S C
```

TACOMA	SEAHAWKS	STARBUCKS
AMAZON	MARINERS	PUGETSOUND
BOEING	VANCOUVER	BINGCROSBY
SEATTLE	MTRAINIER	SPACENEEDLE
SPOKANE	BILLGATES	JIMIHENDRIX

WA Fun Fact - The state is the largest producer of apples, pears, and cherries in the U.S.

Rotate

Wisconsin - WI

Entered Union: 1848
Nickname: Badger State
Motto: "Forward"
Bird: American Robin
Plant: Wood Violet
Capital: Madison

Wisconsin

```
K Z D B R M I L W A U K E E N C G P U T
V T H G L P Q D W H T M A V C A P Y A P
R O A R S A B I G D P V X I H R H R Q X
G H B C P U M P G P Q P F O E Q A U G F
P G U X X W G B D R A V Z X E E R Q P U
N A E V C P Y R E K E N H A S C L N P S
I V C O X D S V Z A Y E Y Z E U E X X Y
O M T K R C L I V R U G N N B T Y V B W
I Q P E E G Q I M M T F E B H S D D G S
Y E P A X R I S B C Q U I K A M A M Q A
N K V U P G S A D E G V O E T Y V S I N
X Q F C B X Y Z O B R N X S L U I P N P
M K A L A B R A P K B A W E H D D I Z K
A E L A T D N H A D E N C C A K S L C C
D N Y I Z W O N L O O E N E F P O C H D
I O L R G Q L R U F U H F M V L N S Z E
S S Y E L K B N J A K X O F W M C J H L
O H S R L A D S Q O J K U E E S H A D L
N A G Z O R B R E W E R S A C A B M Y S
P I L F R A N K L L O Y D W R I G H T R
```

DELLS	OSHKOSH	EAUCLAIRE
CHEESE	BREWERS	LAMBEAUFIELD
MADISON	GREENBAY	GEORGIAOKEEFFE
KENOSHA	LIBERACE	HARLEYDAVIDSON
PACKERS	MILWAUKEE	FRANKLLOYDWRIGHT

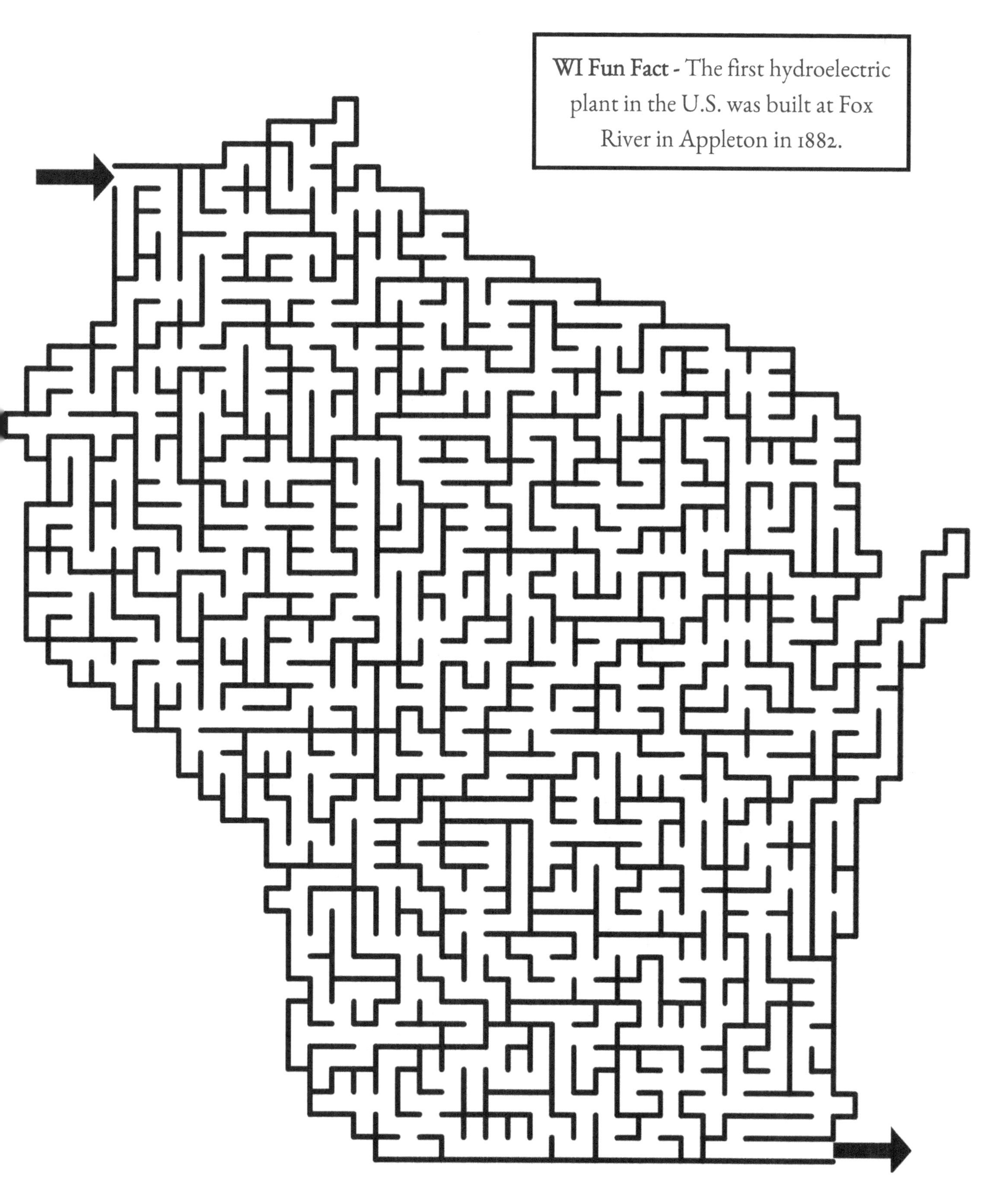

WI Fun Fact - The first hydroelectric
plant in the U.S. was built at Fox
River in Appleton in 1882.

West Virginia - WV

Entered Union: 1863
Nickname: Mountain State
Motto: "Montani semper liberi"
(Mountaineers are always free)
Bird: Northern Cardinal
Plant: Rhododendron
Capital: Charleston

West Virginia

```
F M S T C L A R K S B U R G X P H W S A
S A G H W P S M I Q P U O M K Z P V X P
C B I A H N T A S B L Q I H J I Z J P A
W Z H R I I Y H Y T C C N K M M A I K R
C J S P C K W S U W E H L I J U P S D K
P C S E O L B A T N H V A K Y S M L C E
Z Y D R A I I G R B D E E R Q O U C W R
D X M S L W A B Z S M E E H L B S G L S
R Z X F M D B X B F F K R L A E L X L B
C L G E I E I J C U G C V I I R S F U U
I G N R N M O R G A N T O W N N V T P R
N E W R I V E R G O R G E R F G G E O G
O P I Y N Q M J V S U H P G J B H M Y N
O J W Q G D O N K N O T T S E D S E A I
N I P B Y H G M M O U N T A I N E E R S
W O D J Y Y M O T H M A N M U S E U M D
B T F R Z P S M D C I T G L M G U Z P J
S E N E C A C A V E R N S B O Q H A N W
D W V C Y O I P N X I A B K I U R U H Y
P H B R A D P A I S L E Y O Y I C P P D
```

WHEELING	CLARKSBURG	MOUNTAINEERS
DONKNOTTS	PARKERSBURG	NEWRIVERGORGE
CHARLESTON	BRADPAISLEY	MOTHMANMUSEUM
COALMINING	STEVEHARVEY	SENECACAVERNS
MORGANTOWN	HARPERSFERRY	THUNDERINGHERD

Rotate

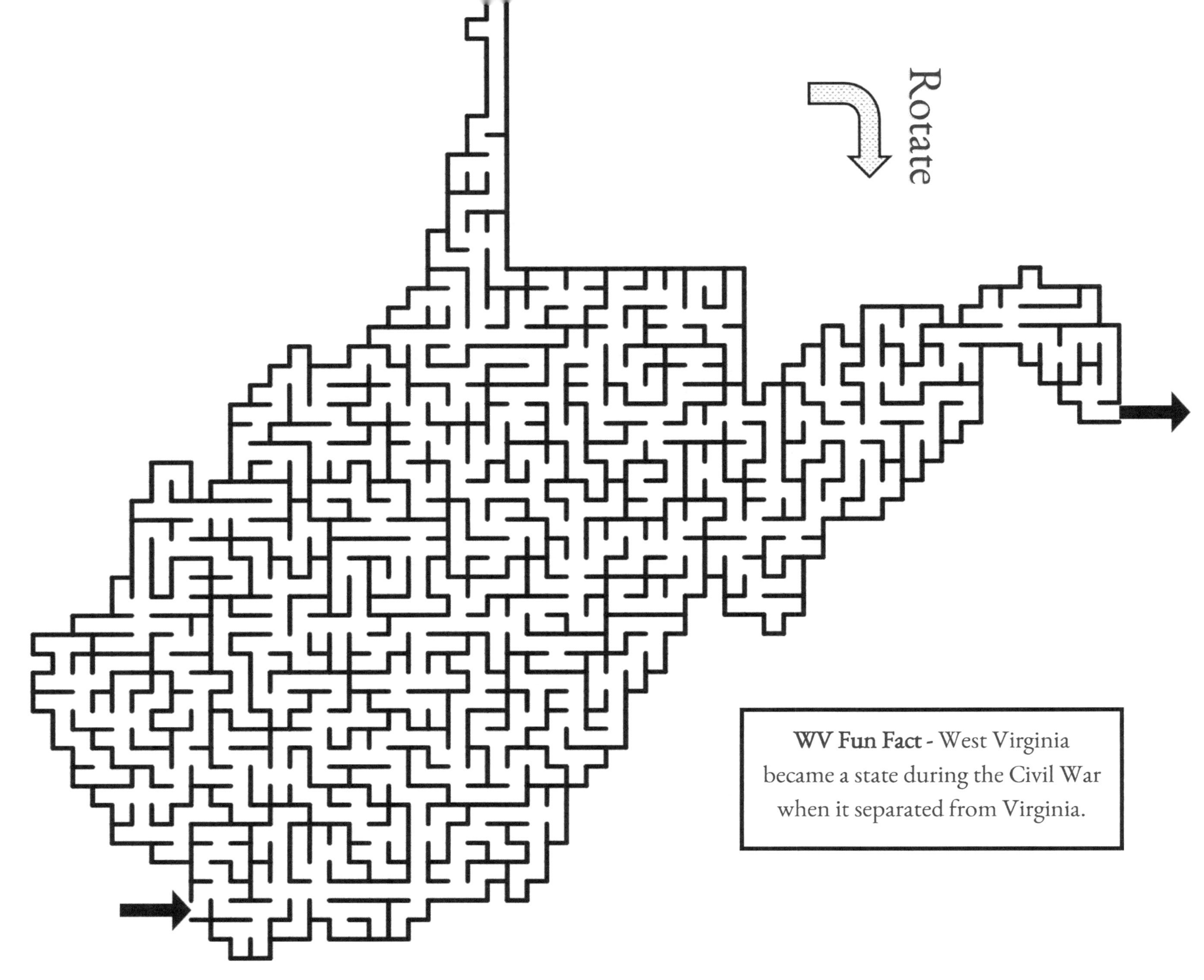

WV Fun Fact - West Virginia became a state during the Civil War when it separated from Virginia.

Wyoming – WY

Entered Union: 1890
Nickname: Equality State
Motto: "Equal Rights"
Bird: Western Meadowlark
Plant: Indian Paintbrush
Capital: Cheyenne

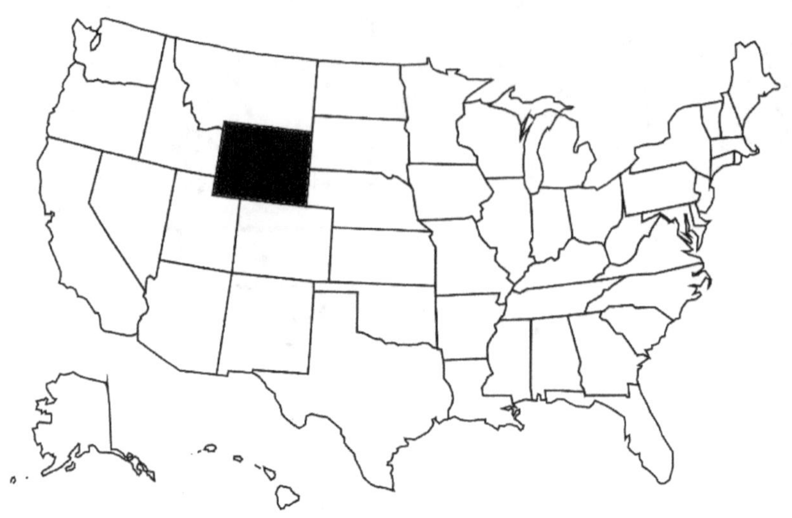

Wyoming

```
P A D Z Q O B I S O N B U R G E R S X C
K I B T I F W T Z Q M J Q S Z L H E N O
S H E R I D A N N M O T W D U Z D K N W
A V V C O E H L G R A N D T E T O N S B
C O D Y X H B K R S C Q E J V S X I G O
R C A S P E R E K L D N V R O R N Q F Y
G R A N D T A R G H E E R Y Q P F S Z S
W L B N P E J A C K S O N P O L L O C K
L I H J R V O A L V Y L Z M H Q A Z D Q
E V O V K A U O J Y Q Z L E O W N W G E
K G Z J S N Z V A P N V Z T M D O A Z Y
V N I L N S T Q B Q D N Y W H I C H R V
G M V W I T U P U Y E V E X D Q L L C L
Y E S A U O V Y Q D H T L C Y O S L K A
O U E E O N C I J A L Z M X H C K B U R
L W Q G R E E N R I V E R J N E U Q G A
F P V X B R O C K S P R I N G S N F M M
V C H E Y E N N E J Q J M Z T N L E S I
Z I V K K P V G F F T Z V A F L V D Y E
M A P H K G R Y E L L O W S T O N E X G
```

CODY	SHERIDAN	GRANDTETONS
CASPER	EVANSTON	YELLOWSTONE
LARAMIE	GREENRIVER	GRANDTARGHEE
COWBOYS	ROCKSPRINGS	BISONBURGERS
CHEYENNE	LYNNECHENEY	JACKSONPOLLOCK

Rotate

WY Fun Fact - Wyoming is the least populous state in the United States, making it a great destination for those seeking wide-open spaces and a peaceful environment.

Congratulations!

Are you ready for the Bonus Materials?

UT

AZ

US Four Corners States

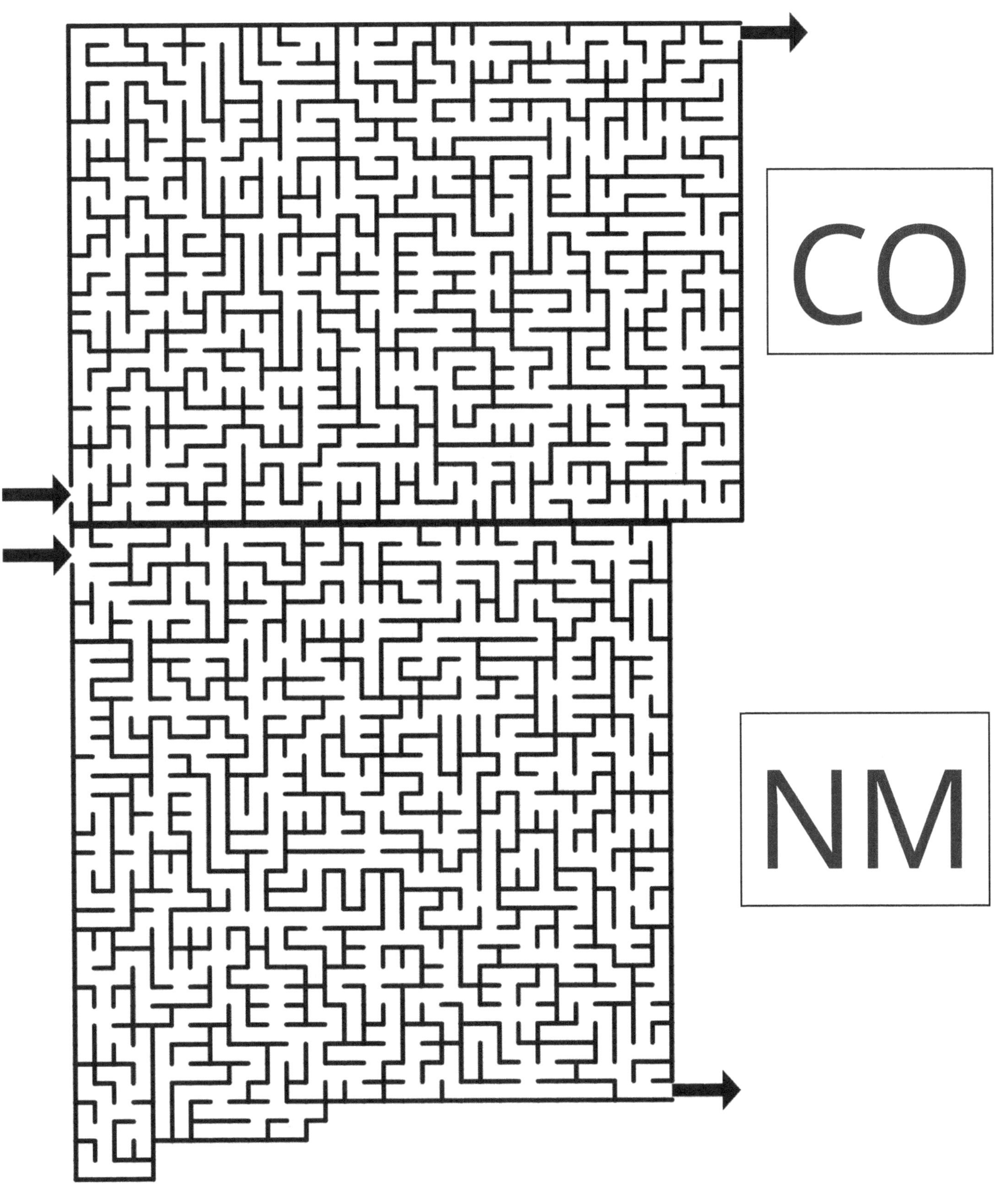

Knowledge Test: Find the 15 State Capitals of the states listed at the bottom

Bonus State Capitals

P Q O D P A S N A U G U S T A V N C M N
B V K Q L D K G K A J A C K S O N S O C
V P H L M Z B B Q P F F Q Y T M L W Y O
Y X T O I N F M Y M W Z E L U T X G T L
Z I K O N O Q O L Y M P I A E M J R X U
F P W F C O J F Q P R P B O O G A C I M
A Y P R U X L Y E L M U Q Z E H W H J B
X T R A M H Y U D W Q S Y E H E F A Q I
E D A N F Y A E L D M Q X D C P B R K A
M L L K H G X O E U A L V O T J Z L T A
N F E F R S I X Q I B T U V S R X E O I
T H I O V E P B C E G D P E B X Y S P B
Y M G R G P E P M V Y N P R S F G T E Q
N A H T Y J F N K H R Q L G S I F O K T
G R A V R I C H M O N D W P I R N N A W
G G B N X P S P R I N G F I E L D N V Y
T I J B A A M H S V N M D E N V E R C E
M Y B C G S P C S A C R A M E N T O Z W
E M T U A P T T X C U Y C H G V C T H E
Y T C Z V I S L L M O N T G O M E R Y R

MAINE	DELAWARE	WASHINGTON
HAWAII	ILLINOIS	MISSISSIPPI
KANSAS	KENTUCKY	WESTVIRGINIA
ALABAMA	VIRGINIA	NORTHCAROLINA
COLORADO	CALIFORNIA	SOUTHCAROLINA

Knowledge Test: Find the 15 Nicknames of the states listed at the bottom

Bonus State Nicknames

S M O T L J O V B S F A B S B Z H E A Q
H O B E A V E R J T N G B Q F T A T N K
M U C D Y L R T T N K Z P E N L S P K A
T N L Q A U K O A B A U U A E A O I L A
K T O Y W G S K Q R S Y C L L H N M L G
Y A C H T M W U N C H Q P O E M I Y Z F
I I N D F U W P L O O E O V N Z E V B A
L N I Z N P S Z M N N N E O C D B T E H
B A M K O Q P J M S F U B L T I B V T J
B L U E G R A S S T M D I U Z T B Z F O
K P M I S O Q T O I C D P N D S T M F Z
G E G G S P I O Y T U R R T H U L I U R
R X Y H A P V S Q U J J A E T N N M G Z
A R F S G Y Y H V T G M I E U B E B V Q
N J Q H T H X O I I X S R R Y G C S T P
I E A P V O F W V O U E I Q B R K C V M
T Y L V O T N M D N M B E C A F A H I T
E A Y X B N T E G I N L A Z P C J R Y V
G R A N D C A N Y O N Q K Y R F D U R F
G O L D E N V X G C F A D D X E R Q L Z

UTAH	MISSOURI	PENNSYLVANIA
OREGON	TENNESSEE	WESTVIRGINIA
ARIZONA	CALIFORNIA	MASSACHUSETTS
ILLINOIS	CONNECTICUT	NORTHCAROLINA
KENTUCKY	NEWHAMPSHIRE	SOUTHCAROLINA

Knowledge Test: Label each of the state outlines below with the correct state abbreviation

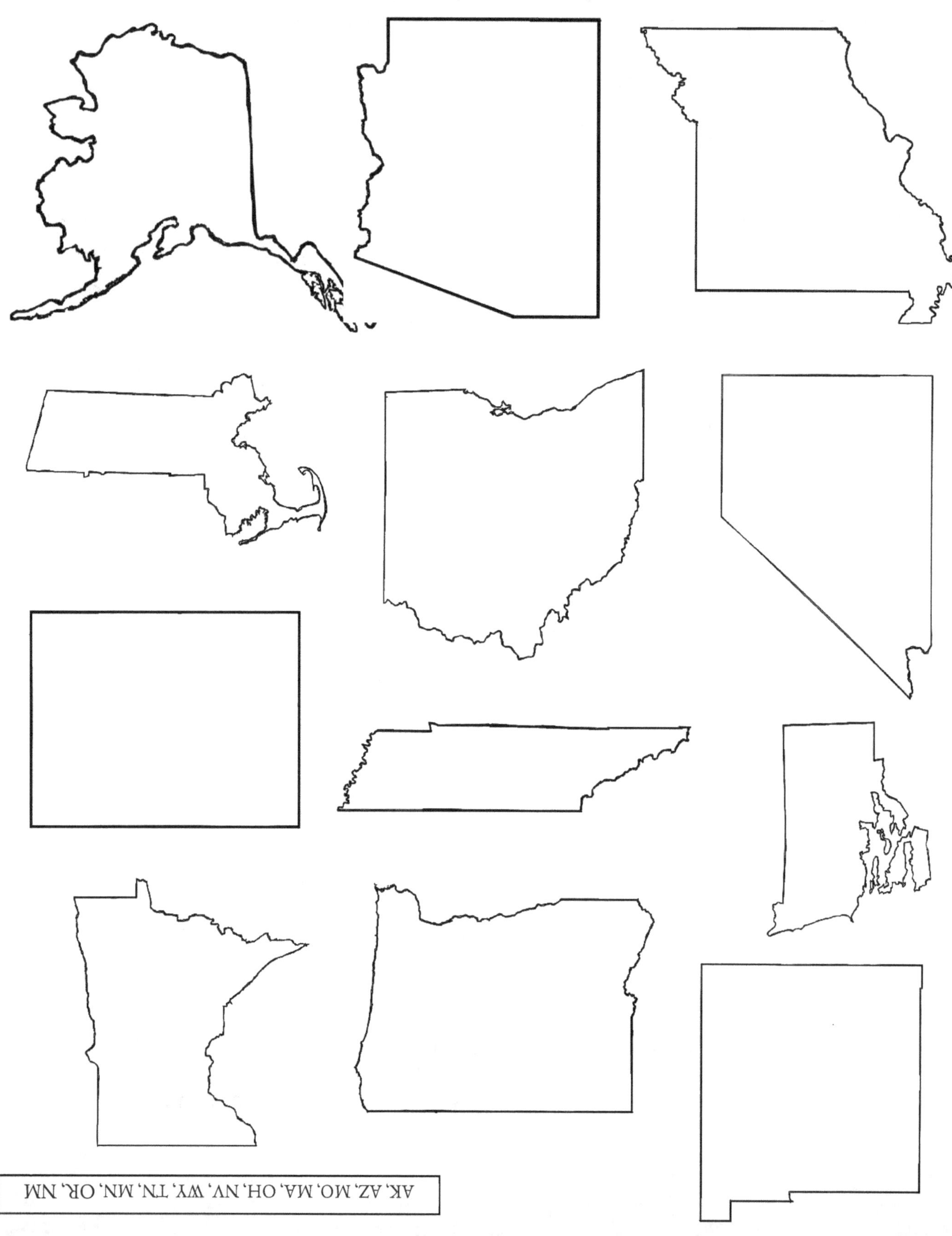

AK, AZ, MO, MA, OH, NV, WY, TN, MN, OR, NM

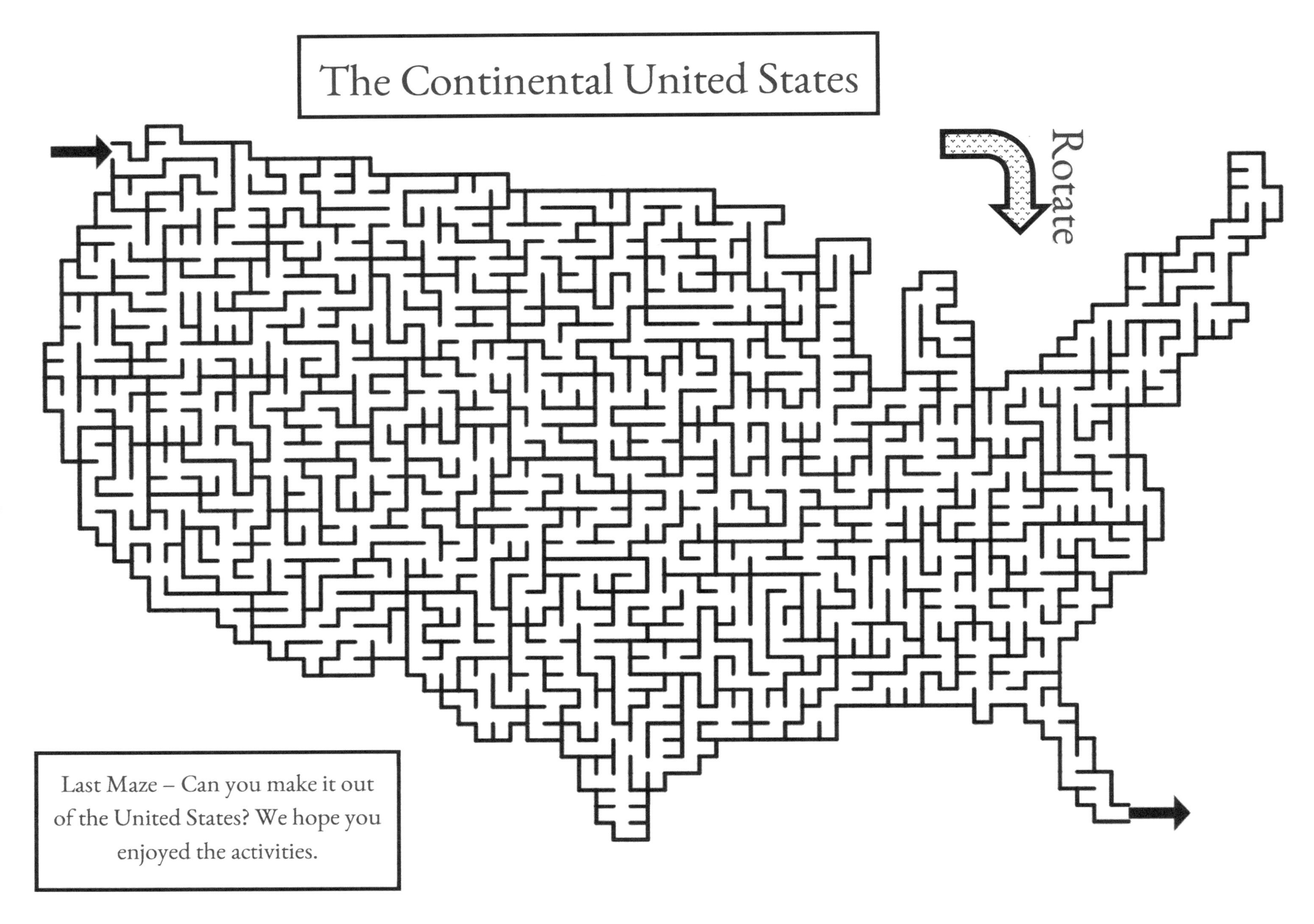
The Continental United States
Rotate
Last Maze – Can you make it out
of the United States? We hope you
enjoyed the activities.

CERTIFICATE OF ACHIEVEMENT

is awarded to

In recognition of making it through the activities contained within the US State Activity Book 3.

LLOYD & LELAND LLEWELLYN   DATE

Master Maze Makers

Solutions

State Word Search and Mazes

AK

```
R D P Q S B E R I N G S E A C N P C A Z
T E O K F Z D B R N C G P U T V T H G P
Q N D W H A T M A V A P Y A P R O A R S
B A I G D P I V L A S T F R O N T I E R
X L I R R Q X R G H B C P U P J A P Q P
F I O Q U G F U B X X W G D A U L V Z X
E Q P U N V C P Y A R K N H A N E C N P
S I V X D S V Z Y Y N Z U X X E U Y O M
T I D I T A R O D C I K V R G A T N B T
K V B W I Q P Q M M T E S H S U I D G S
E Y E P X S C Q U K M M Q A N K A V P G
N O R T H E R N L I G H T S D N G V T
A E S I N X Q F B X Y Z B N X U I P N P
I S A A B R A P B O B R O S S B S W E I
F K Z K E T D N H A D N C A L C L C Y Z
J I W O N L O O N F P C H L G Q A L R U
O M F U H M V M O U N T M C K I N L E Y
R O L Z Y L A N C H O R A G E K D B N J
D A K X O W H O M E R M C J S R S L A D
S S Q G R I Z Z L Y B E A R S O J K U E
```

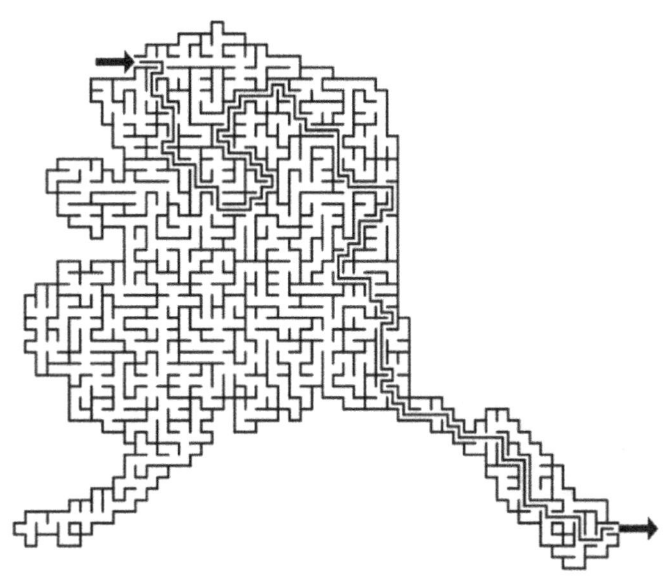

AL

```
H T S B I B T C I V I L R I G H T S N M
P A D Z I H N U Y Z H U N T S V I L L E
L C N G I Q P L W R M C Y S R N L J O U
L I I K Y X X M L X G O T K B R K N U R
W K H H A E G Y O J F R B B S D K H B X
W R Q F T A L O R N Q V K I B X C L I K
W N O D G G R L K O T N J X L T A Z R M
D J A S U A G O O K G G Z Z X E Q U M H
S S K T A E D G N W H K O N R Y B A I W
U A A V K P C C H E H F B M F L M L N L
L I U C G I A A R Q U A Y A E Z B H G G
S L B V X K N R M I W Y M G R R Z H H C
E Y U D H Z I G K E M S M M U E Y A A X
L D R G E T B C C S L S U A E E C R M G
M Q N X E A T C H O L I O C J R K P G Q
A K O J W J N T M U L Y A N F V B E A W
F C C W Z H W T K E F E M N T P S R E Z
H N T U S C A L O O S A V Q B I P L C V
N I R O J N U L Q Q L X M F I Q D E K U
E Z N I Y U W U L X J O T W X L L J H Z
```

AR

```
G O S S F A Y E T T E V I L L E E P C A
V E H K M O K G A T B D J A F M O U I A
H J O N V Q C N J H D L I Y Q T L F D S
F W T T L J G T P I N E B L U F F P T I
J C S I Q I L W L W A L M A R T C Z Z L
G T P C X P T B N I M S M F Y I Y H P S
W Y R J A G L T J D W X F I Z F I O K L
K S I H B M V K L Y I N W D M F C U U U
U O N R D V B X P E E A U M K D L A B P
L N G W B W E E C I R Z M M H N J C R L
O F S A O N U I N I L O M O D J B H O I
Z O D O S H Z H S T W J C O N A L I W X
A O A Y E N H P O W O D I K E D L T N U
R D R P D T X H H Q O N A H X H S A V E
K S H W E T T F R X T Z V L N H V Q B P
S A B K S Q O L O V T E K I G B C R O F
J O K J O H N N Y C A S H C L R H P A T
F I T S Q P I G Q J Q I A E U L E O R A
O S K B I L L C L I N T O N P U E E D C
J O N E S B O R O V D Q F F Y V Z D N E
```

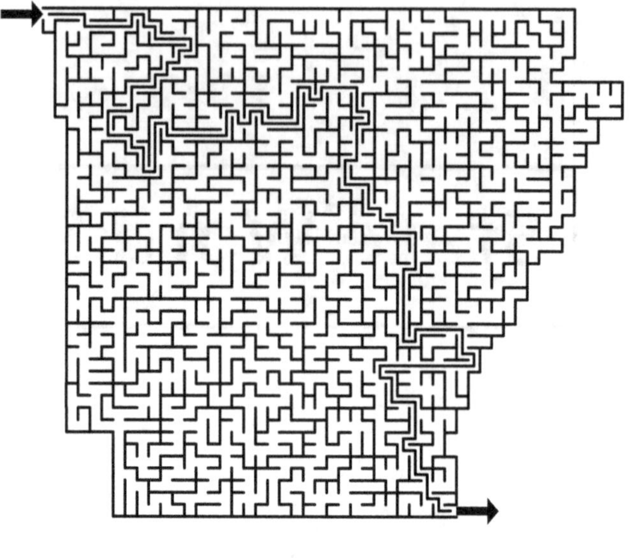

AZ

```
I S O Y U R S C O T T S D A L E H U L I
U R A X H A P V Q J J T N N M G Z R F G
P Y Y G S V H O O V E R D A M G M U B E
B E V Q U A J Q H H X I X S Y G C S T P
E A T P V A N F V U E Q B R K C V M Y L
V O T R M D R D M C A F A H I T A Y X B
N T G I I O N O R L P Z P C J R Y V Q K
R F D U R F N F V A G H T X G C F A D D
X E R Q L Z I U E W D E O U Y T Y I L W
E B G W G K R E M Y Q A R E C M V X P B
X S E V W W M H D E V Q Y O N S D U K O
C D W Z H X G E T N E R O N I O V C K
C A M E L B A C K O O T I I C I X N Y C
G X Z E P E Z L A L M R V T V O M C X O
Q N Z T J M Z B G G F B E A P L N O X R
A N F J L E L G L P V P S S L E P N H A
Q A A M D S Y C Q Y V Z X T T L O X O L
G D C R B A D F H M R S S C O I E R O R
S Y W I Z W U C V X T T S T Q N P Y I Z
U G R A N D C A N Y O N S R V V E X D A
```

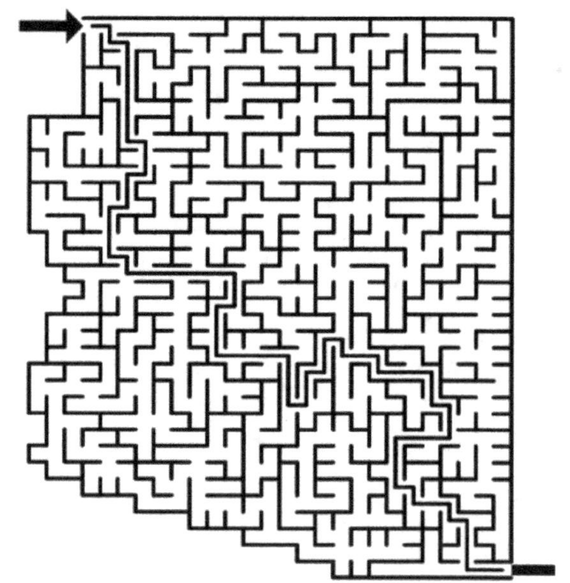

CA

```
V U H R Z W Y Z D D H P K H N Y I U G S
V E D Z I W O Z P O B O D K V L B U H A
A S U L D J V K X U T S L A M N E Q M P
N I N B N C Q O F A K R C L E Y C Z J P
F L J F Q G Z K Y Z X M E N Y Z R A A L
F I C R E D W O O D S R U I R W E Z U E
J C Y W I I D O D G E R S C R N O T Y M
D O X S A C R A M E N T O L A J Q O O J
H N O J N R A H A S L A N V Y K E G D M
L V W U G V G J S S B R U C E L E E K C
O A I Y L Q M V D E W S A N D I E G O K
S L E P G O L D E N G A T E B R I D G E
A L W F N A P A V A L L E Y C S D M W K
N E Z S E F N L O G F A C E B O O K E Z
G J M X V C K Y O S E M I T E Q G O N
E R T C N Y M A R I L Y N M O N R O E E
L F C R C N Q V S W I E L P I K Y U H T
E X S K E H G O O G L E X V B Z J Z E P
S C V R Q M M I I V M T K U D J P L C N
E M R L J N M J W M N L P J D F V Q O E
```

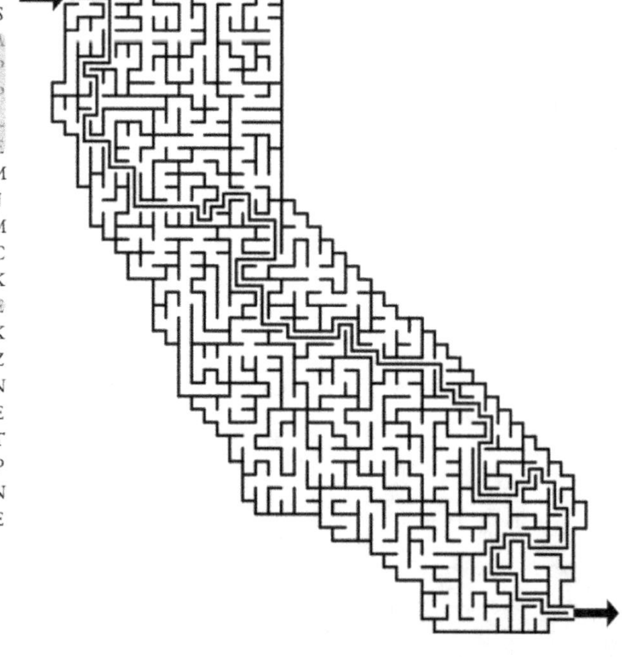

CO

```
U G Q I Y S W G H I F R M R V M Q D Z L
R Z G X K P U W D G P I K E S P E A K Z
M A F A D J D W A S P E N F K D O P U B
H Q O X R W U W E S T E R N U N I O N O
J L N G W D E C B T J O H N D E N V E R
G H S C T M E S H Y G E R A L D F O R D
F W Q C O T I N T W M W L C Q M J H B G
B O P Q N L D L O M W K G Y D M F W G M
V D R D X W O Z E F I K S L M J Y V Q Z
C R O T B G S R F H T N R P P Y N T L S
P R F K C O L V A J I H S I R J T K U G
T S B K R O U E E D C G E T G W H X M X
W Z Q H P S L L N F O Y H G E Y Q T H Z
L Q T V L U Z L D N P S D C O R B B Z U
F B B C J Y E O I E M G P U I D O R W C
H C A F T U N B T N R I F R E T S O M B
P M R T N R O T L S S P L W I C Y N O L
J J A F L H I L N O B G B L V N M C F H
O V T F O H W C B P S X R G E J G O A P
J G A Q R O C K I E S P M E Q R T F M
```

CT

```
D M B R I D G E P O R T M B R Z R N I T
P B G Z N E Q T R A V E L E R S S O D R
H E Q D N H L N B P S Q T F C V R R W C
M L E F N W C G C B U H S N K J O W V P
A O S Y C O H G K Q J A I Z T O G A C O
K L P F B Q A B E D W E F R M X E L E W
H L N Z M H Y H O O P I E Y I N R K Y B
B I B Q M G R C W I R U Z M A Q S Y X V
V P E V H M T W B E B G A Z K O P Y L P
Z O C C F T E O O E B A E O U Z E M Q V
R P L D D E A E G A E S Q W P C R C E B
E G H Y L V M P W B K V T N B A R R E M
V I Q V N P E Z C A N D Y E W U Y W R M
L U P H A R T F O R D Q V T R X S D R I
Y G E N E R A L E L E C T R I C E H Y V
F J R T K A T H A R I N E H E P B U R N
Y A L E U N I V E R S I T Y J I Y W E G
M Z U J V L W G G L X C F U F X D E B B
Z H I N S U R A N C E L Q A U Z Z R D G
D D A N S T A M F O R D Y M K F S W C U
```

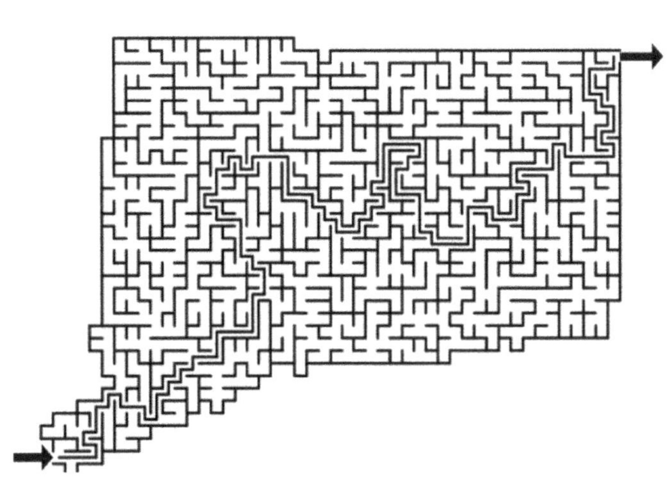

DE

```
U I M H X M I S U S E A F O R D M W I C
S H F I R S T S T A T E E T U K I Q E S
B N O D F H C A L C I B X Q O A E N B N
G E V R Z G C E B V I V P Q M L U J P N
X W O U S A E P G C X H A N W M E B U X
D A S H S E S O M K W U G F P A V W N B
O R Q F O N S U R I J N J P Q R H X K Q
V K U T V W Q H N G L D J G O N F R I A
E U L P Q H Q G O N E F F U I Y O E N H
R S D Y Z A O U U E K T O Q K C Y H C U
U E I A E D L T T S C K O R A K G O H Q
U D O V E R D O W N S R O W D E E B U C
G I A G J P A D Z Q O X A K N L I O N B
W I L M I N G T O N T I F B W T Z T K Q
M J Q S Z D U P O N T L H E S N N H I M
S L I P P E R Y D U M P L I N G O B N T
W D U Z D K N A V V C O E H L X H E B K
R S C Q E J V S X I G R E K L D N A V R
O R N Q F R Y Q P F S Z W L B N P C L I
H J R J P M O R G A N C H A S E O H A V
```

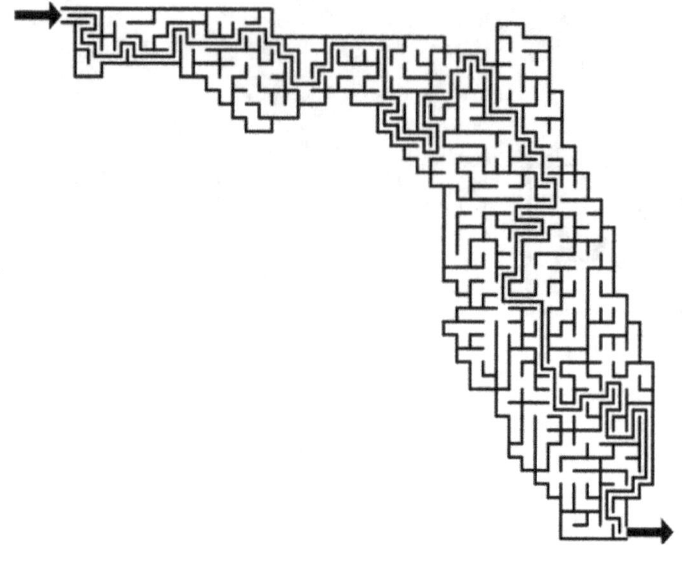

FL

```
I T S I D N E Y P O I T I E R N A Y E W
Y S Y B U C C A N E E R S A B M I O V X
B O Y G K C J A N E T R E N O G D E E U
N R E C L Z N U T B U R X T J A V T R L
I C U N I V E R S A L Z G E O T E L G Z
D I S N E Y W O R L D G H D A O B V L E
E G E R B X S W O P P Y L J K R U M A K
A Q Z E B Y L P B L Q W Q V D A U D D N
F O R T L A U D E R D A L E F D R A E G
B G W R F H A P B M Z B C Y G E E Y S X
R T Y D K V T F Z N T E F Z G L V T X Q
C X G E K G G B O B R O S S N F N O R C
K E N N E D Y S P A C E C T R E L N B H
V X B B W P U B U T H G O F W M R A D D
W N J C B O P S Q U D R C Z O D I A L S
V N N O V T D A Q U D T Q R C T S A R I
L H C P Z F O O I P A B L N O N Z I M H
D J Y X M R O E U I W L R I T U A X S I
Z M H H C T A L L A H A S S E E H S J N
V X N D J A C K S O N V I L L E F Q A N
```

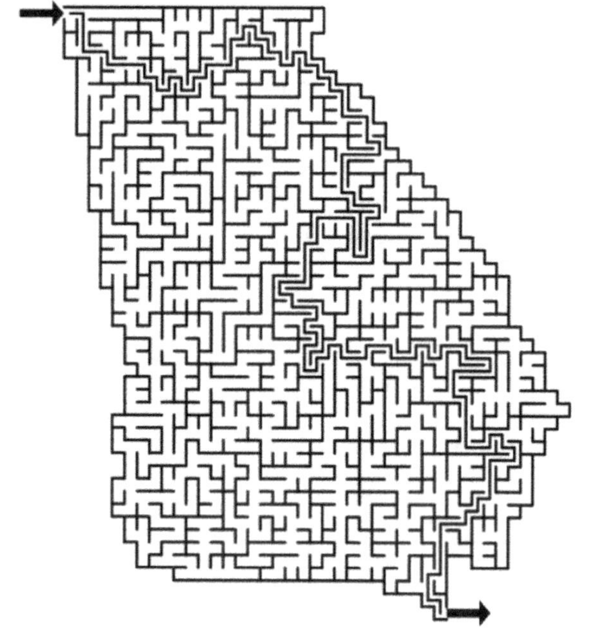

GA

```
U Q H L O R E G T J I M M Y C A R T E R
S A G E E C H E E K U N D A E M A C O N
G U T A F K I M R V A L D O S T A I Y U
M T C H C Q J A Q K L Z E C H P Q Y U W
A S M A E Y G R B E R J V Z I P M B S O
O T S C F N C T T N F A H P M X G T L R
K C L D E D S I C H K F U G C P B Y B X
E R R A O Z K N C R E M I G U Z N C B P
F A A Z N V L L R Y P V V B U S G O H Y
E I W Y A T K U T S Y S A C B S J B O J
N S D O C X A T F E X E Z R J W T B Y Y
O W R Z R H Y H G P H C Q R S W I A Q O
K E K R X Z A E B A O Y F S W I K S F G
E E Q E Y Q V R W X L E A B V W T K M K
E T U D I U F K L I I E O B A Z T Y G F
J T L E Z H A I W E C O C A C O L A S F
W E U A T E N N D Z S R L U W U C B J D
C A I X I O G G U S A V A N N A H S G B
T D U Y A P Z J T T M W T E I N A C Q B
M U E U R M J R Y H C E J W H D V H S V
```

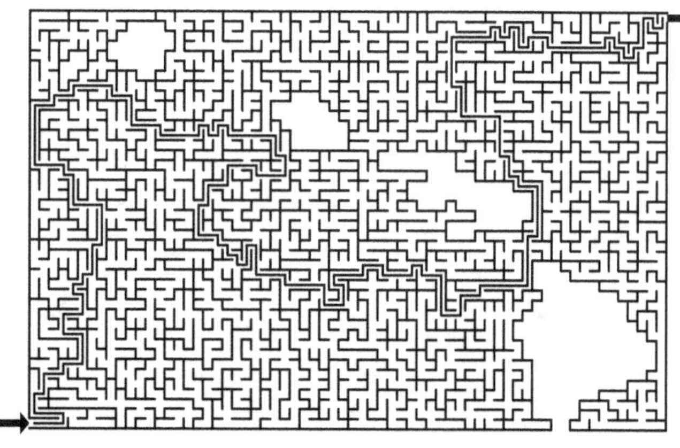

HI

```
A K W K I L A U E A V R A X Z N B T K D
M L B H W S O R Y E W D G H I L O E L P
M W C D D O N H O M A H Z H Y Z F Y P N
H S Y I K E K M M G I E A Y C F B I E J
M Y V A J A M A U N A L O A I Q A P A P
A V O M N D G L O W N K V A W C E X R A
G D C O P N P N J A A Z O R B Q O H L F
O C U N K C F A O I P T L K A U I M H Y
G N F D A J P V W K A E I G R D X X A T
M E Z H M B M H H I N T D M A T S G R F
C A N E E O A Z O K A T B E C C R Z B Z
V I F A H Z U F N I P D S R K H S T O O
L W B D A F I O O I A K R J O X F I R Q
H K M T M Y M T L U V Z T A B C M S J E
L A Y P E I A A U U X I E O A R C U Z S
B H M M H A Z F L U U E N V M G Z N Q D
Z U P T A I P N U O F X S U A O V O O O
P L W A I L U K U B H A Q B F K V K Y Q
Q U X E H B E W U M L A I S I B M X W A
M I K Q N K G P Q R K A P B R M G Z O K
```

IA

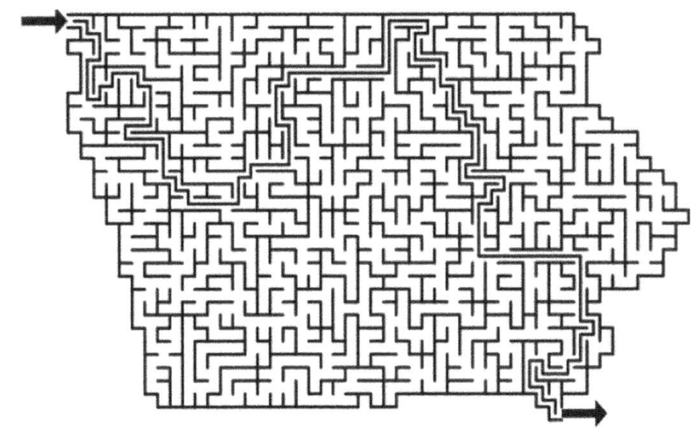

```
E G V H E R B E R T H O O V E R F V B K
B N R J O H N D E E R E E K Y E Y C D L
G O U A E H W A T E R L O O V Z W Z S M
X I N G N C U O H Q T D E S M O I N E S
C R D N Q T W N O B M Q E Y W Z D E V C
A U U N I S W D T V X H C N B F F F V C
T J D G A E H O F X H I C C K S D X F Q
P I K K G S A M O T U R Z Z N I B T W E
Z X M E V U M N X D W X A T C O R J L C
T R U H Y V E E D G L O Y L O U L N H I
R G F E L A Y Y Y C V V Z O Y X R X J T
R B N Y N C W Y Q H L L X P D C E V C I
P H A W K E Y E S W G Y N U B I J U Y Q
H L O R E G T S E G U A D F K T I R C I
Y U M T C M U S I C M A N E C Y Q J L Q
K L Z E C A S H T O N K U T C H E R O H
P Q Y U W C E D A R R A P I D S S M N A
Y G B E R J V Z I P M B S O S C F C E N
F E F F I G Y M O U N D S H P M X G S L
R C D E D J O H N W A Y N E C K F G C P
```

ID

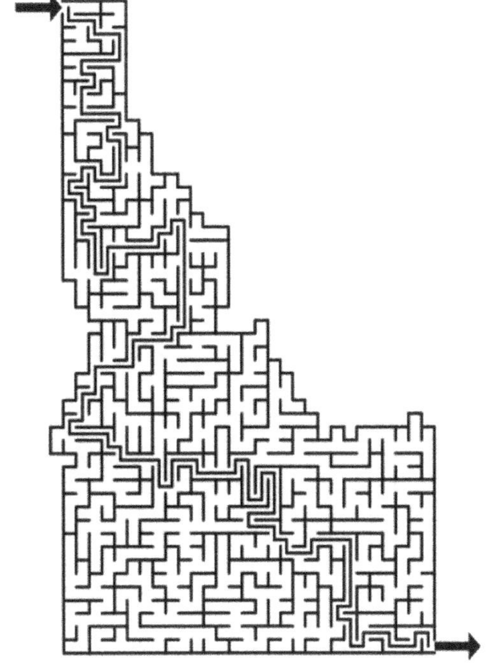

```
U B J U Q P H L O R E G T S E G U A F K
I R I Y S S H O S H O N E F A L L S U M
T C C Q A J Q I K H E L L S C A N Y O N
L Z E T L C H P L Q Y U W S M A Y G B E
R J V W M Z I P M O B S O S C F C N F H
Y P M I O X P G L R F C D E D C K B F G
E C P N N B O B P O C A T E L L O O X R
L O Z F C K T C R M I U R Z N B P I A Z
L V I A H L A R Y P V B S N G H Y S I W
O A D L A K T T S Y S C B J S O J E D O
W A A L L X O F E X E Z J W Y W Y R Z R
S L H S L Y E G P H C Q M O S C O W R W
T B O I I Q S O K R X Z B A O Y F R S W
O E F K S S F G Q E Y Q V W X L E A T B
N R A V W E Z R A T A F T B E N S O N H
E T L K M K U D I U S N A K E R I V E R
F S L I I E O B A Z T G F J L E Z H A W
S O S F W U A T E C O E U R D A L E N E
N N D Z R L U W U C B J D C I X I O G U
S S G B T D U Y A P Z T T M W T E I N A
```

IL

```
H X H E H W E T T F R X T Z N H V Q P A
B K S P R I N G F I E L D S Q O L O V T
E K B C R F J O K C H P T F I T S Q P I
G C Q J Q I A L A N D O F L I N C O L N
E R A U O A O S K P U C V D Q F F Y V A
Z O D T E T V U I D B Y N R H N W B C U
W N Q V E G F Q J B T Z H Z X D Z A H V
T A W C C R Z D B N T W I N K I E S V O
I L B S R K P D N A Z W A U K E G A N O
U D G P E D J I C H J D P J B S J C Z C
M R W Y C A E O L H Y F F L B O M S Y Q
E E A G Z Q R A L L I F F E N O H C X I
T A L U G C A S L I A C U J J W N H C T
R G T T D U H L T G E R A W G X C F N C
O A D L S B H Y C O H T O G A F X V M I
P N I P V S S L I A W A N C O T R J A N
O Q S X P V L S G E P E Z F L O F R L B
L D N U Q Y M C H M Q O R J G H T G V K
I E E L F Q E M U D R G N S X B U L L S
S Y E Z B Y P A L R H Y E H R E P L L
```

IN

```
I N O P M X S G Q I H U H V F D P C O K
H D A V I D L E T T E R M A N P H T Q X
A O N T R W R E D E N B A C H E R D Z K
R O L C A L U M E T W P H C F Q K A X G
F M B I T E R R E H A U T E W H Q H X X
B N I U D B B N S Y Q S I I H E X C P H
D G S C D A D Y I F U Q H G V B O O I T
C C N F H N Y E E B X D O S A Q L V N A
X Q O O Y A N W Y B T Q O F X R O E D O
C J T R B F E E O Y L T S R O W Y R I F
S A R T L H Q J D R Z G I P A E F E A Y
R D E W O A K I J U L F E H J U K D N S
Z I D A O E S L A A S D R P G L P B A N
B S A Y M M I I I M C M N L D R L R P O
M R M N I W V L L G N K K P R P D I O Q
K S E E N W V L I J X B S W F U J D L I
R X U V G O F Y J A W G W O I R N G I J
S C B W T T M P P H X Z E Y N D V E S J
H E B E O Y W T E G U B M Q J U A S A C
C B Z W N O O M V L L A J H K E R L L V
```

KS

```
C J I L M V U G R E Y H O U N D G J F V
M O C R T E B W F B P X D B W T Y B T G
Q V P E Y L H C T B J W I C H I T A D H
F P W W S I I A X F G Y V D B X Z V C U
B P F B R S L T J A Y H A W K S Q Q O S
T K W L U C N N T B H D X E M Y T C S R
E A I M I H C A J L H Y D J N E O B M V
Y V L R R N P C A L E S P N A T P K O H
E F D J G W T N H I J A V J S D E L S E
I W C W M V B H N U R W P F L M K A U O
H W A I E X J E I Q U C I P V A W H T Z
O S T Z R W C N G L D U R Q L O R R E D
J S S A Q E P V P B L O D A M E F E R A
W K Q R Q S M U H E M S D E F G Z N E K
B Q Y D S U I L L M A H B G C T K C N I
K J S O B A L N V T R H X Y E H H E Z Y
S U N F L O W E R S F S S N D C D Z E L
B H V O P P F Y I G Z U U V N M I C L K
K S K Z J Y C C M G G M L R N S M T C H
S B Q E I S E N H O W E R Z B K T W J Y
```

KY

```
P M E O E L I Z A B E T H T O W N F Z R
U J K M U H A M M A D A L I T X M S E G
L O U I S V I L L E S U Q A D T K O B N
Y C C H C U M B E R L A N D F A L L S K
R T P G C B A B R A H A M L I N C O L N
J Y C P X O L T Y I M W U F B B X W S X
A E S H L I L U O M V F O R T K N O X M
P X F L U D T O E A P N P V M E T F D B
S A M F U R A B N G W X C X V Y P T Y B
B M A N E G C N O E R W Z C U T D J G S
E T M L X R G H I W L A X Z B Z R C V O
E T M E K D S E I E L S S I D B J E O X
B O O X A V H O R L L I A S D E O W I H
U G T I H W F Y N M L B N N Y B N D U X
G D H N B I N F X D U D O G D K G L K C
S O C G G H K P P E A S O O G E W W A C
U Z A T D I C Y G J B V E W N R R H R P
N P V O Z U A K W T Y D I U N E E S A J
S P E N O O M O Q H O U P S M S Q E S W
A U E S J R H J M H T I B S L B B E N R
```

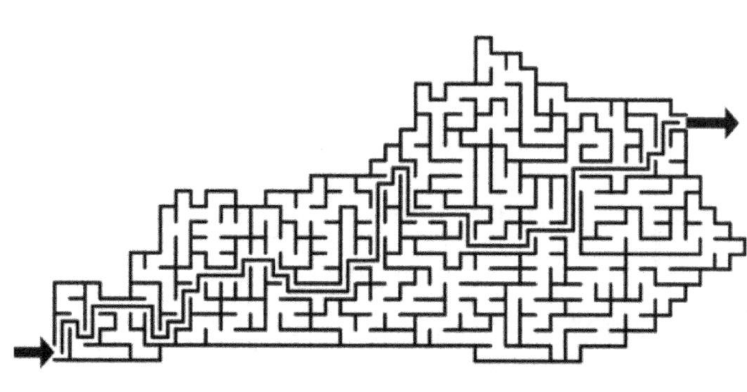

LA

```
Q T C R D Q W N O B M Q E Y W Z D E V C
A U U N L R I C H A R D S I M M O N S S
D T V X O H C N B B A T O N R O U G E F
F F V P U C T J D G A H F X H I C C K D
X F Q E I P B O U R B O N S T R E E T I
N K K L S G Z S M T U R Z Z N B T W E Z
E X M I A E Y V R O U G A R O U U M X W
W X A C R T D L C R S J L C T R U G L O
O Y L A M L E O A L H N H I R G F E L A
R Y A N S Y C Y V K R V Z O Y R X J T R
L M F S T B O N Y N E C W Y C B A Y O U
E A A Q R H L X P D V C E V I R P W G N
A R Y U O B J U Q H E L H O R E E G T S
N D E E N G U A F K P I R A I Y U O M T
S I T C G C Q J Q K O L Z E R C H P L Q
Y G T U W S M A Y G R B E R J L V Z I E
P R E M B S O S C F T C N F H P E M X G
L A R C D E D C K F G C P B B X R S O Z
K S C R M I U Z N B P A Z V L R Y P V B
S G H Y I W A K T S Y S C B S A I N T S
```

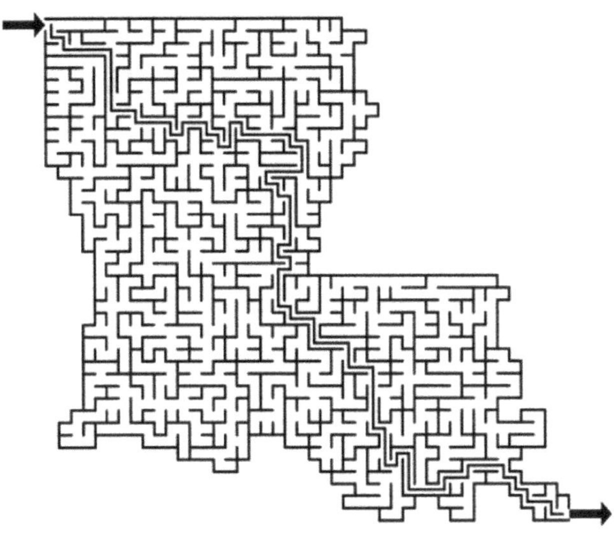

MA

```
W Q Z X Z G B B P J T C A P E C O D Y A
C S Y J B P O D B O S T O N R E D S O X
I L U M F Q S P A T R I O T S E J A X Z
Q T J S M J T I J J O L Y Y F X Y I P V
H J K L A R O W Y W M C G M Z F C T L O
P D X Z M N N L L L K Q I I Z D Q I Y O
B Z L A W X B D C K C I M W X C Z U M B
L G M X Q D F A Y D J O L Y Q L J S O Q
H H U J R X S E N T P H S J I E Q P U V
B G Z H E C R T N T E A P A R T Y R T P
K Y C E L T I C S Z H B F H V P Z I H S
H E L X L E H T I X P O J D O Q I N R Q
I C E X M C S A L E M X N O I E J G O Y
H A R V A R D D C G H O D Y S S L F C M
A I C K L Q B U H J W L G J O E Y I K X
M A R T H A S V I N E Y A R D I I E V L
K C T Z G M R R Z R Z B C L R D F L Z M
C K T M Z X K W G T S S M I T D U D L C
A X U S W L R Y O J O H N A D A M S D P
R J P N A N T U C K E T E M A X Y Z V J
```

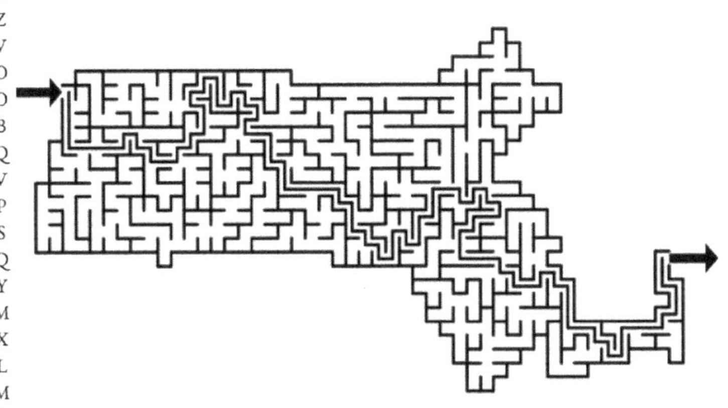

MD

```
F D S F W T W A L D O R F J G T P T I J
C M S I O L D L I N E Q L W L C Z Z L G
C X I P B N I M S M F O Y I Y H P S A
W J A C L G L J W X F I R Z F I K L K N
H B M V H V K Y N W D M I F C U U U R N
D V X P E A E U M K D L O P L W B C W A
E C I Z M H E R N J L A L O N U H H I P
I G L T J M D L S J B I E D O S A E H O
Z A H S E O W J P P O A S L X A R S Y L
E I B B N R H H P H R O W D I E R A L I
U T A A R P R N D T E I X H H Q I P O S
H H L B X H E A S H W L N E T T E E F R
T E L E T Z N H F H V Q P G P A T A B K
S R I R Q O L O V I O T E S K B T K C R
F S M U J O K C H P N P R T F I U E T S
Q B O T P I G Q J Q I S K A A E B B U O
A U R H O S K P U C V D Q I V F M A F Y
V R E Z D E T V U I D B Y N N E A Y R H
N G W B C W Q V G F Q J B T Z S N H Z X
D Z A M O U N T V E R N O N H T W S C C
```

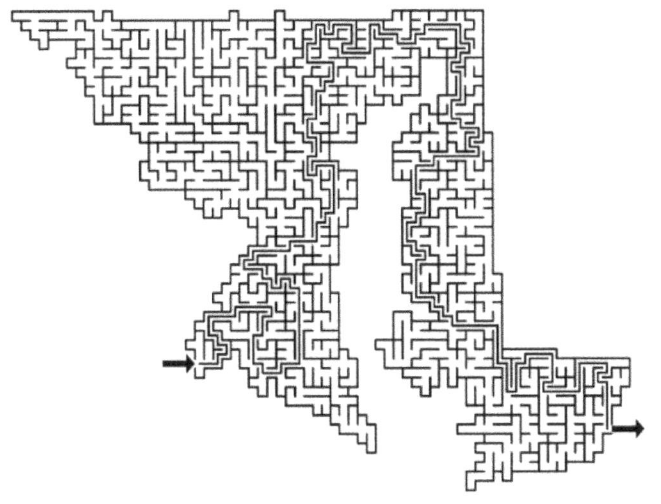

ME

T Y A C Y J A P D I L L O B S T E R M F
Q S E J A X Z Q M A P L E S Y R U P T J
M J O I J J O L Y S T E P H E N K I N G
Y F X U Y I V H J K L R W Y W M C G K M
Z F C T T O P D X Z M L L L K Q I I E Z
D Q L I G H T H O U S E S I O B Z L N A
W X D C K C P I M W X C Z U B L G M N X
Q D F Y D J O O L Y Q L J Q H H U M E J
R X S E T P H S R J I E Q V B G Z T B H
E C R T N P K Y D T Z B B F H V P K U Z
S H A U G U S T A O L E A L X L E A N H
T L L B E A N I X P R A J N D O Q T K I
Q I C E X M C X O I E O N J G Y D A P C
R E D C L A W S G H O D T D S O S H O L
M A I C K L Q B U H J W L H G J R D R O
A C A D I A N A T L P A R K E E Y I T X
I I V L K C T Z G M R R Z R Z A B N C L
R D F Z M C K T M Z X K W G T S D S D U
L C A X U S W L R P O R T L A N D I Y O
D P R B L A C K B E A R S J P E M A X X

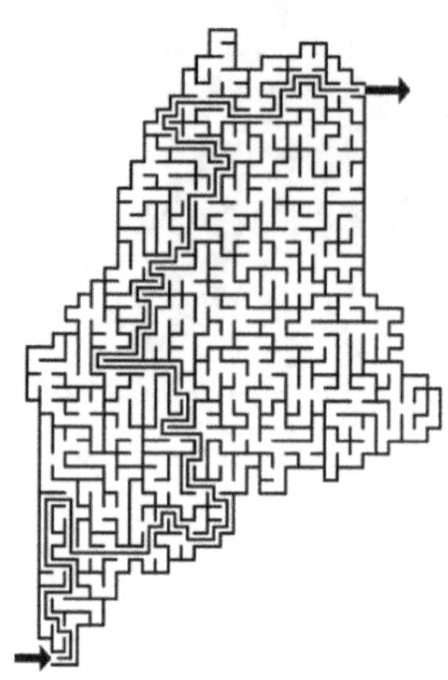

MI

H O D S S L M A I C K R E D W I N G S L
Q U F L I N T B U H J W L G J G O E Y X
I I P V L K C M O T O W N T Z R G M R R
Z R Z P B D C L R D F Z M C K A T M M Z
X K W G E T E S S D U L C A X N U S A W
L R Y O D R P A R J P E M A X D Y Z C V
J V B C N T P G R I E J J C D R B Z K P
T X D W N V F E D B Z R D W Q A C W I S
Z X T C L M J U N R O S D U V P E I N U
L X S O U G J Z J I I R R M F I H L A O
X H A N N A R B O R N M N R J D Y L C D
S L A N S I N G S V L S W P H S A I I K
S Y C K E L L O G G H S U I Q S R A S Z
H E N R Y F O R D J D F Q L S D Y M L E
U I D Y B V T M R J T S U L A R W B A S
C H A R L E S L I N D B E R G H J O N E
J C W J L Z P C S S A W N I Z L J E D V
F W N P P F K A X G T H D E T R O I T L
D J H M U H C X Z V X W I G V U Q N R A
M E Q G E N E R A L M O T O R S B G K A

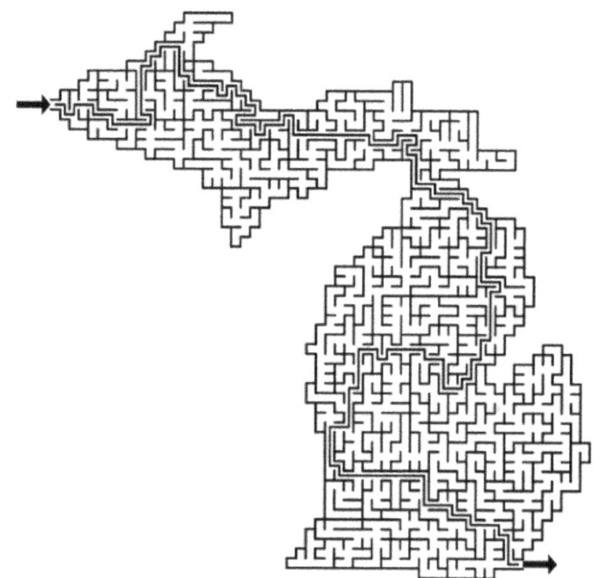

MN

F J F Q G Z K C Y Z X M E N Z R A A F C
R U I R E Z U J H Y W I I C R N T Y M D
B T X L A J L Q O A J H O J N R A H A S
L O A A F N V A Y M R K E G M W P U G V
M G U R J S S S N K I L C I Y L R Q M V
A D E N G W C K E D P N E W F C I S D M
Y W K Z D E S O E F O N N S L O N G E Z
O J M X V A T C T K Q L G E S O C N R T
C C N Y E F R C R T C N A Q A C E V S W
L I E L P I V Y S B F K Y K U P H H T X
I S K E H X V I W T L I B Z E J O U Z E
N P C V R Q M M K A P O T I I S V L L M
I T K U D J P L C I T A O Z N E M R I Z
C L J N M J W M N L N E U M G P J D F S
V Q O E L D U L U T H G R L I E A X W V
B F L N I Y R U Q D E D S S Q N R N Z D
A M A L L O F A M E R I C A L T G A J P
Y F F N J R N H O J I T U W C T O T L X
J R B T I M B E R W O L V E S M I O O D
M T W I N S M P X F Z N E F S R O K F N

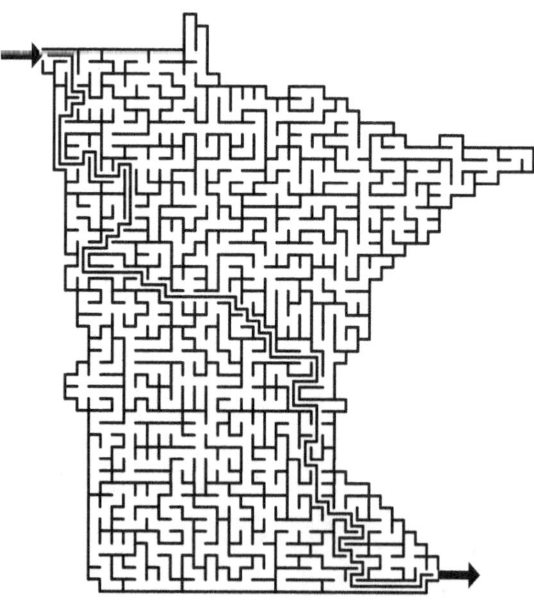

MO

```
N T Q J E S S E J A M E S B Q D Y W H I
P C L B R A N S O N H R V G M V W I U P
U O Y A E V X D K A N S A S C I T Y Q L
L C N Y K E H S A U V C A R D I N A L S
Y Q D Y H E T A L M A Y A A N G E L O U
Y O S L E K O O R U E E O C I J A L Z M
X C L K B X U F L R R W Q J N U Q G F P
V X B E F M P V T J Y O Q J M Z T N L S
Z I V W K P R V H G S Y F F T Z V A F
L V D M A I P H E K E G T A R X G K L R
D L A Y V K S N R S R O T R L W K T S K
Y D G B Q H R A X R S X Z P U S P D Z B
V C M W A I G O N Z Y H W A I M B P C T
A T Z B J G T H Y D Q W O U R V A P O Q
Y B M Z K T N J R V C G A X V K T N L X
G A T E W A Y A R C H L O T Z Y S Z U S
F S T L O U I S Y J C M A D Y B U W M D
G W N Z J X R F E R C A L R A O E Z B M
D M A R K T W A I N R S B A K U O E I T
O Y P T E C H I E F S L H E V F V B A K
```

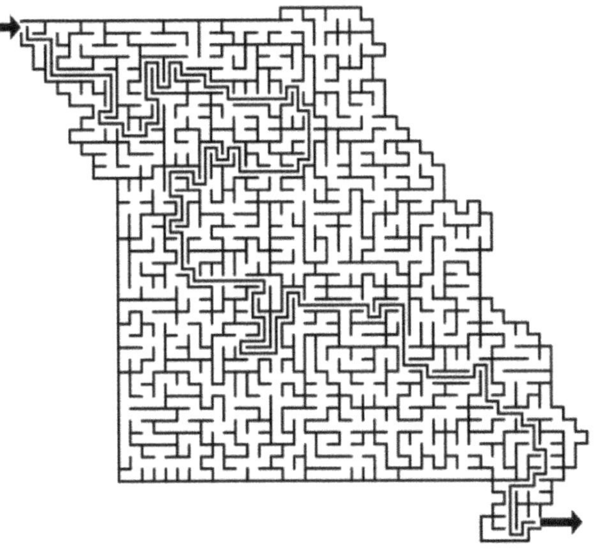

MS

```
F O C U C V I C K S B U R G F A O T L K
U I M R E D B L U F F Y G N F J P V W E
I G D X X T M E Z B H T D M T S G F C A
N O Z S T B E C O P R A H W I N F R E Y
R G Z Z A V I F Z F D S R H S T O L W B
F O U I K N R J X F I Q H M T Y M T U V
Z T A L C M D S J E L Y P I A U X I E O
R C U Z F S C E B H A T T I E S B U R G
M M A J Z C F A R U U E N V G Z N Q D Z
D P T A I P O N T S F X S U O V O O O P
E B A C Q B F A K F O B I L O X I V K Y
L Q Q K X E H B S E I N R E B E L S W U
T B M S L I S I B T M S F X W A M K Q N
A B K O G P Q R K A P B H A R M G Z O K
B K V N I X H R P Q S C N P R C A Z T O
L I K Z D B R N C G P U T V T M H G P Q
U N D W H T M M A G N O L I A A S V A P
E G Y A P R J I M H E N S O N O A R S B
S I G D P V X I R R Q X G H B C P U P P
Q P F E L V I S P R E S L E Y O Q U G F
```

MT

```
D L G R E A T F A L L S P L W B W E C I
Z M B H N J L A O N U I I L M D J B I D
O S I H Z H S W J O A L X A Y E N H P O
W D G I J E L U B E R K E L E Y P I T R
P D S T X E V E L K N I E V E L H H Q O
H Y K X H E A H W E T T F R X T Z N H V
Q O Y P A B K N S Q O L O V T E K B C R
F G C J O K C H N P B I L L I N G S T F
I O O G G L A C I E R N A T L P A R K T
S S U Q R P I G H Q T J Q I A B E U O A
K A N O S I K P U E C T V D Q F I F Y V
A P T Z D E Z T V U L I E D B Y N S R H
L P R N W B M Z C W Q E V R G F Q J O B
I H Y T Z H Z I L X D Z N A A H T W C N
S I C Z D B N V S I I B R A K N D N A Z
P R U G P D H J D S E P J B S J K C Z C
E E Y C E Y F F L B O S O M S Y Q I G Z
L S Q A F F E N O H C U X I U G L U N J
L J W N H C T D A V I D L Y N C H T D H
L I T T L E B I G H O R N A G W G X C F
```

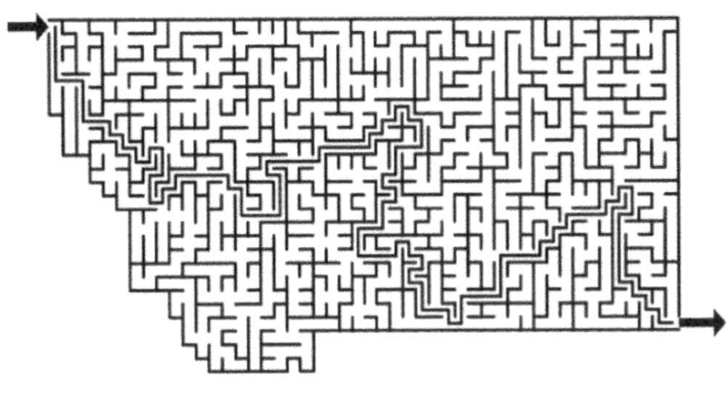

NC

```
D D O P V V G R E A T S M O K Y M T S R
C D X K K D O L L E Y M A D I S O N K Y
R A L E I G H M B G Z U E A H Q U I M H
X M I S U M W I C S E T U I Q E W S C
B D F H C A L C L W I P B X Q O E R N A
B N G V G G Z C T I E B A V I V P I Q P
M U J N R R X O M N U A A N P G C G X E
H A N W E E E B O S X N S H T S S H K H
W U G F E E P V R T W D B Q F H O T N A
U J N J N N P Q E O H R X Q U T E B V T
W Q N D V S J G E N O E F A U L T R P T
Q H Q G I B N F S S U W I O H S A O S E
D Y Z A L O O U T A U J K Q K Y R T U R
U E I A L R E D A L L A T T S K H H A A
G Q U O E O E C T E G C I A G J E P S
A D Z Q O X K I E M B K T I F W E R T Z
D U R H A M Q M J Q S S Z L H E L S N N
M C H A R L O T T E O O T W D U S Z D K
N A V V C O E H L X H N B K R S C Q E J
V S X I G R E A V A G A R D N E R K L D
```

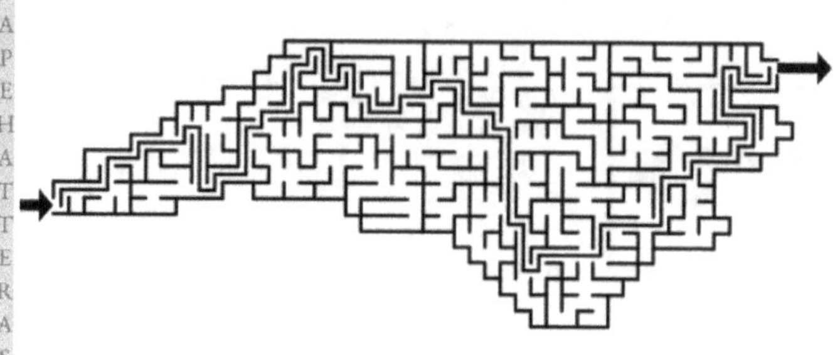

ND

```
V X D S V Z Y Y Z G R A N D F O R K S U
B X X Y O M B E N C H A N T E D H W Y T
F I C I V R G A N B T V B W I Q P Q M M
A T S E H S D G D S Y E P X S C Q U K M
R M Q M A N K V P L J A M E S T O W N G
G D G V A T S I N X A Q F B X Y Z B N X
O L U P N R P A A B R N A P B W E I Z R
K A E D T D C N H A D N D C A L L C C E
Y W Z W I O N K L O O N F S P C A H L D
G R Q L R C U F U H M V L Z Y L K K B R
N E J A K X K P E G G Y L E E O E W M I
C N F I G H T I N G H A W K S J S S R V
L C A D S Q O J N K U E S H A D A G Z E
O E R A C A B M Y S P I L R S D K J D R
D W N W T C G E W L O M I N O T A W D V
L E Z K L N B L Q C M N D B B M K M T A
E L Q D I T Q E W A H P E T O N A N S L
K K R P V O T H N D S B F E R H W Q V L
J S H V M L L Q T F G Y S Z I K E P E E
Y I M M M L O U I S L A M O U R A E N Y
```

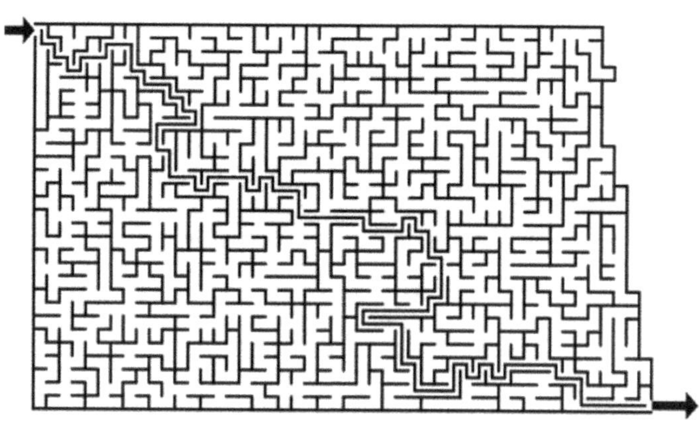

NE

```
C V Y H N O R T H P L A T T E W O C Q L
B O K Z E J C W U I E X Y I U B U J B S
Q I H Z S N J O V Q G J T X U V L E U U
B P D G N B R O R H M A L C O M X D G J
C R F B I N I Y H N G S D W Z M Q W R H
L A I M G D N W D G H T J I H R L Q A I
R S R R E A W Z K O T U C H S P Y P N W
K F Y H I N Q A C W O O S N J P W R D X
N D R N E W O U R G N R M K Z G M J I A
O R S E E N P R I R A Z L A E G J Q S I
F D R C D V G H F Z E J S Y H R N M L G
K G M O L A X E A O G N T K Z A S P A U
Z H M R D I S X V S L E B W B O N N N K
T Q C N P Q N T L I T K E U Y P O O D F
C L L P V W B C A P V I I C F Y F X C C
Z Q P A K K G M O I Z W N Y I F B W X P
B Z B L M V X N L L R S W G O R E B M U
D L L A T V V Z I V N E W G S E X T C B
M E B C N Q X L C H I M N E Y R O C K E
I E A E G E R A L D F O R D X V C J Q F
```

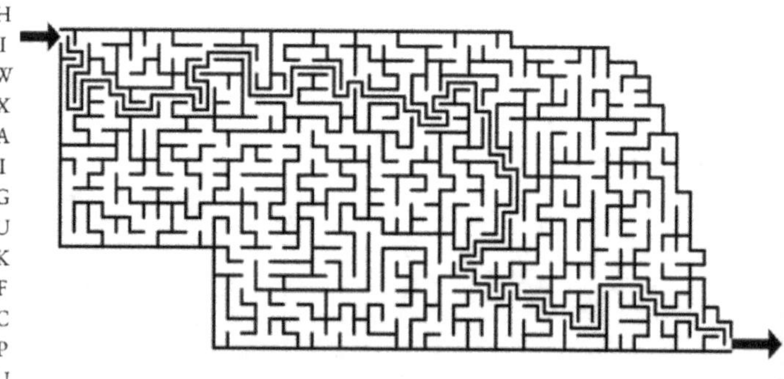

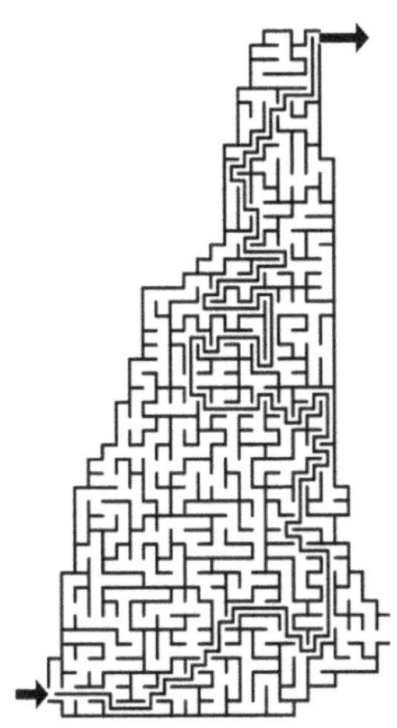

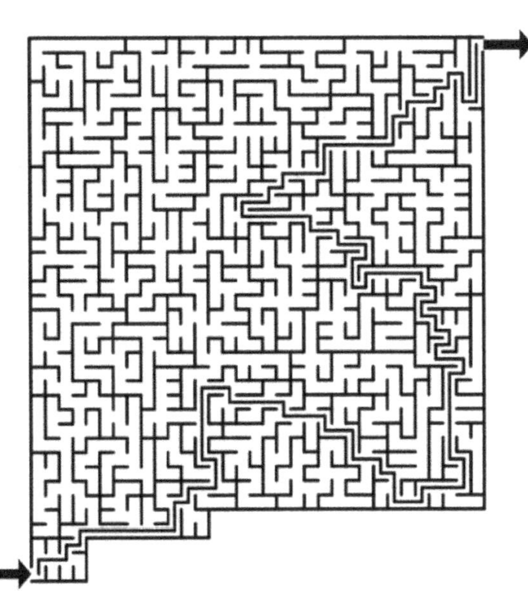

NV

W S O R Y E D G E R E N O L P M W C M H
Z H Y Z F Y N L A S V E G A S H S Y K E
K M M G E A Y C M F B I J M Y V J A I Q
A P P A V O N B D I G L O K V A W C E X
A G D C P N P N U J R Z O R Q O H F O C
U C F A O T L K U R I A M Y G N F J P V
M W W E I C G A D X N X G T M E Z B H K
G O T D M A T S R G F I C E A N O Z T Y
M L B E D R C A V E R Z N Z V I F Z F L
R F D S A S R H N A A S T G O L W B F E
R E P O I W O K R J D L S X F M I Q H M B
S A T Y N N M T U V R L I Z T A A C M U
O C S J W C E L Y P I E E A U X N I E S
R K O R E I C U Z S B M A Y M A Z F U C
T U E N L T V G Z N Q D Z G O P T I P H
S N F X L Y T H E S T R I P A F S U O V
O O O P S B A Q B F K V K Y Q S F Q X E
H B E W U M L A K E T A H O E L S I I S
I B M X W A M K Q N K G P Q R K A I R P
B R M G Z S P A R K S O K V I X H R P E

NY

O B G U S G B T D U Y A P Z T T M W T E
I U N C E N T R A L P E R K A C Q B M U
E F U R R M N I A G A R A F A L L S J Y
H F C E O J Y W N H D V H S A V A M I X
G A M F C D A T O M I K O U L E S P V F
Z L T M H O N C R Y E W Y F B Z T N B S
O O O F E N K W M M M L I S A F V B R L
Q K W U S A E C A L P P I L N J V N O A
H R L N T L E R N F I B J U Y Q P Q A K
D B Z V E D S H R V R W X F S R I E D E
H Q Q R R T M D O Z E D P N U V O E W P
P F U G I R V G C D S C S B A Z G T A L
R O X Z F U N Q K R T R P Y U H C P Y A
C R U S W M O Y W F A J E J R M F J M C
M C D A A P C G E O T T X G I A S N L I
H Q C C I Z Q H L F E Z M O M S C Y Y D
F B B F B E M P L X J W F C J R K U Z U
M I U C Q Z M E T S C D N O V M M A S N
O G O S M O U N T V E R N O N S E P C E
A V E K M T E D D Y R O O S E V E L T O

OH

C S E T U I Q E S C L E V E L A N D B D
F H Y O U N G S T O W N C A L C I B X Q
O B E N B N G A N N I E O A K L E Y V Z
C U E B V C I V P Q M U J N X O U A P G
C C X H A N U W E B X S H S S K W U G F
B K P V W P B Y C Q F O N U J N J P Q H
R E X Q U T R V A O W Q N D J G O F A U
O Y C L P Q H O Q H L G N F U I O H S D
W E I Y Z A T O C U O U U K Q K Y U U E
N S N I A E R H D T L G M T T S K A G Q
S U C O E C G O O I E A A B G J P A D Z
Q O I X K I B T C M I R F R U W T Z Q M
J Q N S Z L H E N K A N G M O S T O W D
U Z N D K N A V V C A S O A E V H L B X
H B A K R D A Y T O N N E S M C E Q E
J V T S X I G R E K L D D D D N B V R N
O R I N Q F R Y Q P F S Z R I W L L G B
N P L I H J R O A A K R O N O S V E A J
L Z M H Q A Z D Q E V O V K U L O O L J
Q Z L N E I L A R M S T R O N G L N S E

OK

```
H W O S Z Y G A R T H B R O O K S A M S
H O Q H K T O R N A D O A L L E Y N D S
T U L S A U Z N O O K Q O X V E Y G F B
O M X D F X B F K J I U N Y K U I L Y S
X B S W P D N D L C A L J I Z P O A A T
E B Y H B P G V A H I M W F C Z E K M I
U N L R R A P D H U O B F E H C J E H L
L R G B A N G H O C F R H G L N O T C L
V A I Y D H A M M K L O U A W L M H P W
A B U H P A D D A N O K P V V R S U C A
D X K K I N K Y C O M E G Z U E E N A T
H Q U I T D M H I R X N M I S U D D M E
W I C S T L E T T R U A I Q E S M E B R
D F H C A E L C Y I I R B X Q O O R E N
B N G V Z C E B V S I R V P Q M N B U J
N X O S O O N E R S U O A P G C D I X H
A N W E B X S H S S K W W U G F P R V W
B N O R M A N Q F O N U J N J P Q D H X
Q U T V W Q N D J G O F A U L P Q H Q G
N F U I O H S R E D R I V E R D Y Z A O
```

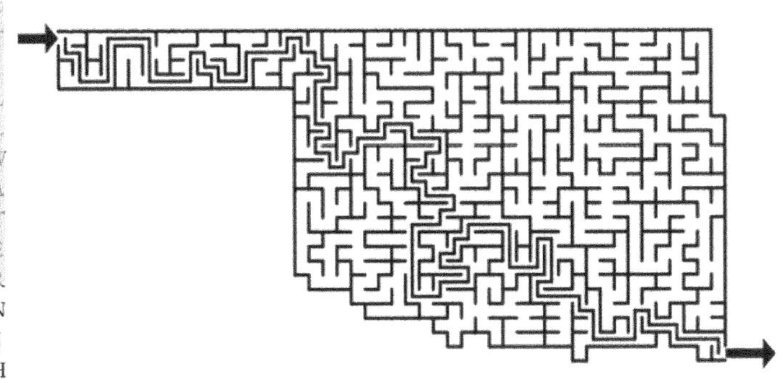

OR

```
W T K E F M N P S E Z H M N V Q B P C V
N B I R O J N U L Q Q L A X M F I Q K U
C E E Z N I Y U W P O R T L A N D U L X
O J O A T W X L L H Z F T S P T V E C N
L I K V V Z U Q E U E C G M S R Z I O M
U K G W Z E U G E N E O R Z W A T X R L
M E E K K X R Z G B N L O O I I L J V O
B G A S A E F T T D N U E G L L O D A U
I C M T H O O D O O U M N V L B L U L F
A A P P K N P Q O N C B I F I L A C L L
B U L I N U S P A U L I N G A A H K I L
R M H Q R B T F H I Z A G K M Z W S S T
A F H Z G X O Q K D H R Z F E E M A R G
N H D T P T L Q N Q Y I V Q T R I R K O
D Z J V W Y S L G B T V F H T S G F Z N
C R A T E R L A K E N E D G E C W R T K
I R F Z A X K P L W U R K S S W Y U P E
C V K B I X E P Z E B G T M P K R P L O
A A L U K D N G C I M V G K R R M Z O R
P O T W H F L S W B D L B D W W N I K E
```

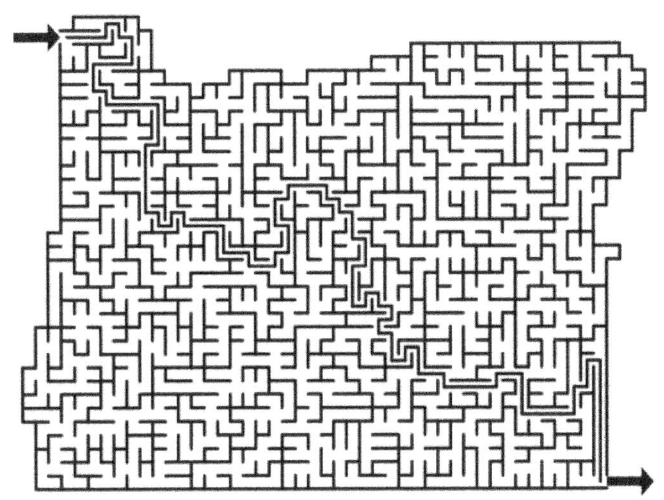

PA

```
X B E T H L E H E M S T E E L R A D M L
X N I P H O X O B X H L E N A W U L W B
H F L C I Q A Z H B C U M A H V H V S V
A X Q D H T I U Q I Q K U N M M B S H X
M L D I E X T D Q Z G K M G S A H T A N
I I N Z R J L S Q M T K D B A S N A R W
S B N Z S X G X B A O U D F U O K Y R P
H E G Q H N D V U N M G D Z N A L I O X
C R C C E O Q Y C Q R V I N W D E O S X
O T I A Y C C K S I A G A V D I A R B W
U Y J Q D N P D B R F Q H H E X G S U S
N B G E T T Y S B U R G X Z B O L W R L
T E C A R N E G I E M E L L O N E I F G
R L Z T J O E B I D E N V B V L S F G U
Y L D G V Z K S J D B V W Q Z X I I T E
Q I G O I H Z E G S A I O G D N R M Y R
X Q P H I L A D E L P H I A A E Y M W P
L U Y P H O Y N D H V D L C W M K K S N
C F M T D C U B O Q R Z L P P S E O G I
S T E E L E R S W V A L L E Y F O R G E
```

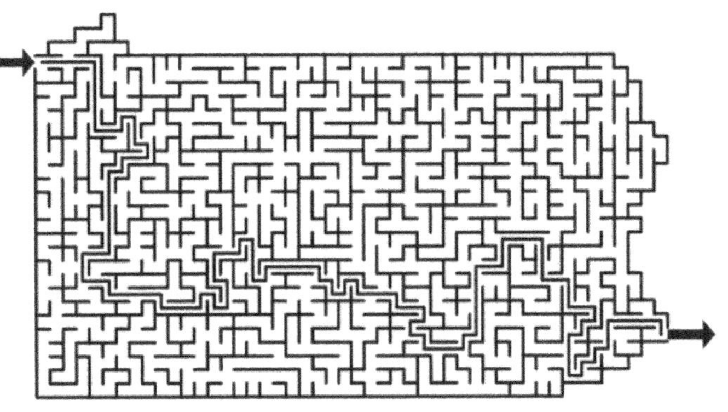

RI

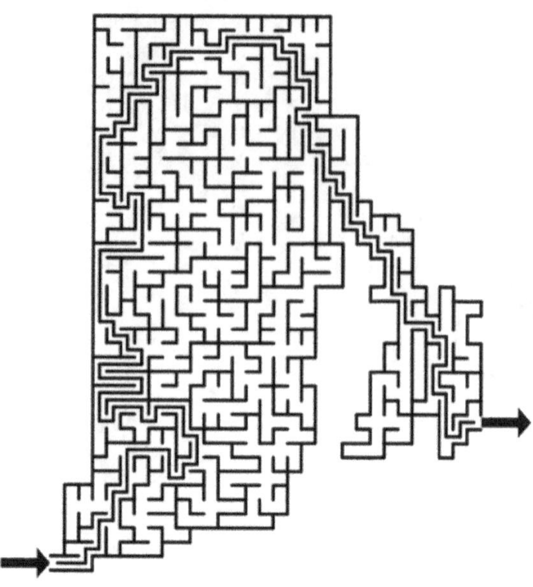

SC

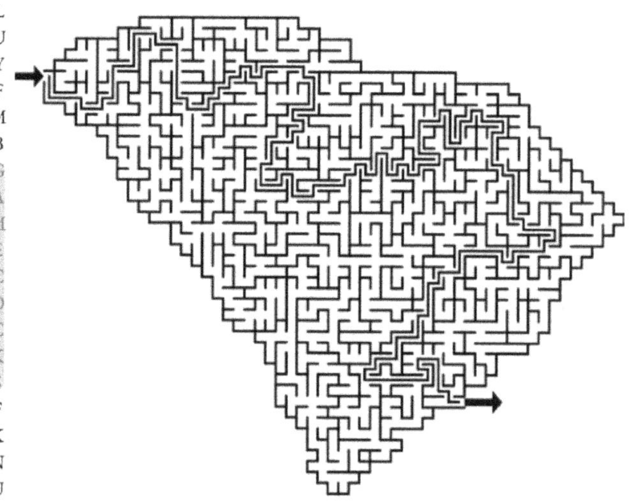

SD

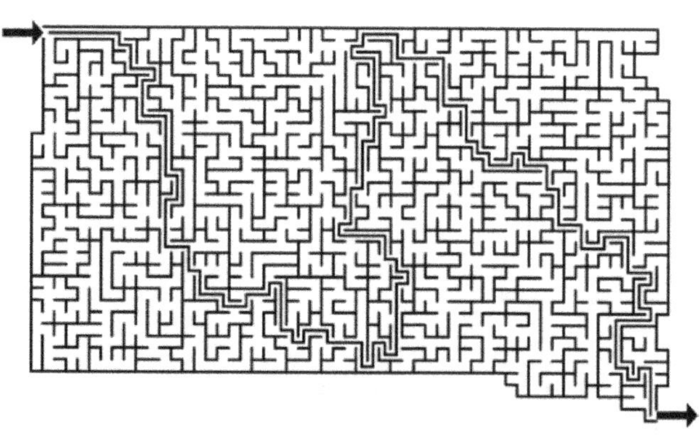

TN

```
O T W X L L H J Z F S P V E N I K V Z U
Q K E U E M M S A D O L L Y P A R T O N
D Z N I M K G U W C Z Z T X L E E K K X
A Z G O B N O L R J K O G A S A E F G T
V A D N X G O U C F O D U V L F A P R P
Y R K N P V Q O C F R A A L U H L M A H
C E Q R B T I F H I Z E K N W T F H C Z
R T G X O Q K L D H Z F E M I A R G E H
O H D T P T L Q L N Q Y V S Q E I R L K
C A O M J V W Y L E G B T F B H L G A F
K F C H A T T A N O O G A Z N O N S N D
E R G C W D T M E M P H I S K I R R D F
T A Z A X K A N D R E W J O H N S O N P
T N W U K S S W Y U N A S H V I L L E P
E K C V K B V O L U N T E E R S I X E P
Z L B G T M P K R P L O A A L U K D N G
C I I V G K R R G R A N D O L E O P R Y
M N Z O R P O T W H F L S W B D L B D W
W O A J V C R Q J T I T A N S C I A O I
P F X B E A L E S T D Y T L D F D A G G
```

TX

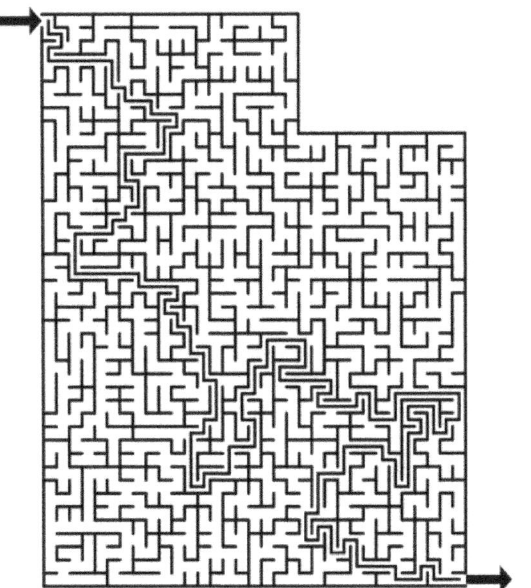

```
U J D P W I A R P T O L V Z M U A P M M
P Q K J A M I E F O X X T V O D L M A Z
N Q U F O R T W O R T H X U J T A D J L
T D Z E Y Z R T O E G D V R W Q M F A D
G A Q X U O R D H U N S O Q R S O P Q K
E L P A S O J E M I C H A E L D E L L O
P I J G F A M G D S G U P A I H E Q C R
I Q I J O H N S O N S P A C E C T R A J
Y R U R H W I X E S D J S O Q Q W D J W
Q Z X Z I B H G B P J T Y R A A C A Y J
A P D I L O E O M F Q E J P U A X L Z C
Q T J M J I G Y U J J O L U S Y Y L F O
X Y I V H J K R O S L R W S T Y W A M W
C G M Z F C T O A N T P D C I X Z S M B
L L L K Q I I Z D N C O Q H N I O B Z O
L A W X D C K C I M D E N R W X C Z U Y
L O N G H O R N S B L E G I M X Q D F S
Y D J O L Y Q L J Q H H U S J R X S E T
P H S J I E Q V B G Z H E T C R T N P K
Y Z B F H S A N A N T O N I O V P Z S H
```

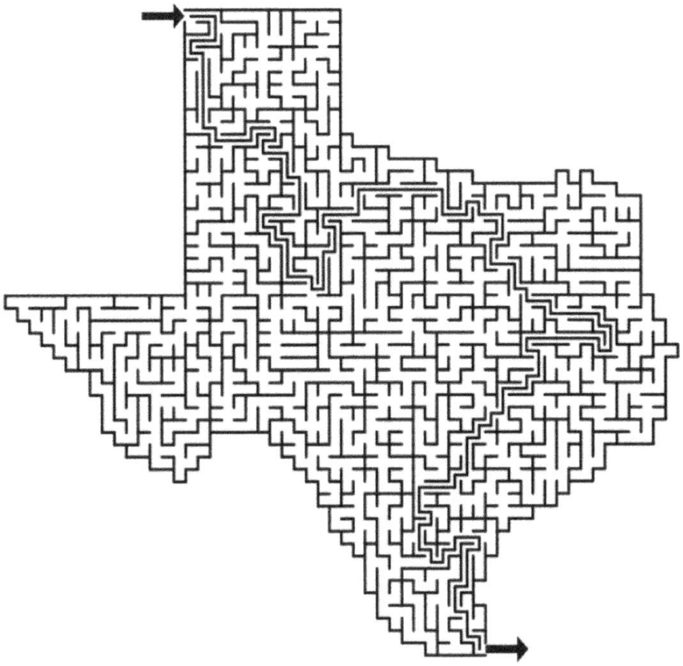

UT

```
V M P L A K E P O W E L L Q M U J N X O
U A O P G C X H A N W E B X S H S S K W
U G F A P V W B B Y U C O U G A R S Q F
O N U J B S S A N J P O S M O N D S Q H
X Q U T V A T R W J A C K D E M P S E Y
Q N D J G L E C O F A U L P W Q H Q G N
F U I O H T V H S D Y Z T A A O U U K Q
K Y U U E L E E I A E D E L S T T S K A
G Q U O E A N S C G I A M G A J P A D Z
Q O X K I K C N B T I F P W T T Z P Q M
J Q S Z L E O A H E N N L M C O T R W D
U Z D K N C V T A V V C E O H E H O L X
H B K R S I E L C Q E J S V M S X V L I
G R E K L T Y P D N V R Q O T R N O E Q
F R Y Q P Y F A S Z W L U B S N P L H I
H J R O A V Y R L Z M H A Q O A Z D I Q
E U T E S V O K V K U O R J Q G Z L E O
W N W G E K G Z J S Z V E A P V D Z T M
D S T G E O R G E O A Z Y V N I L E N T
Q B Q D Y W H I C H R V G M V W I U N P
```

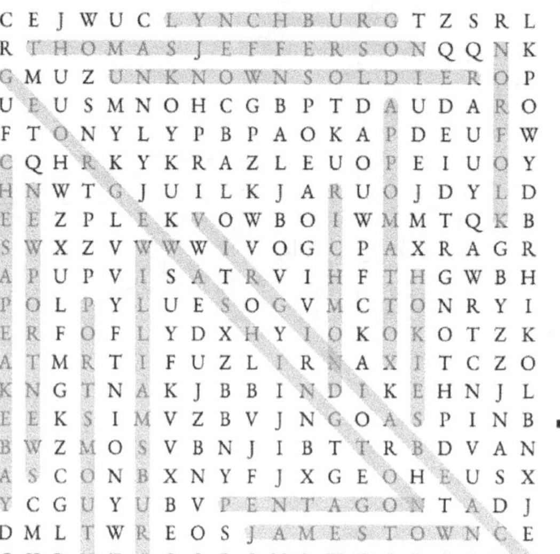

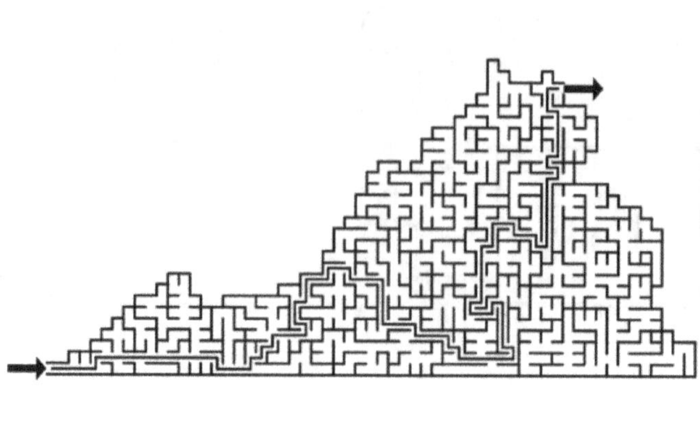

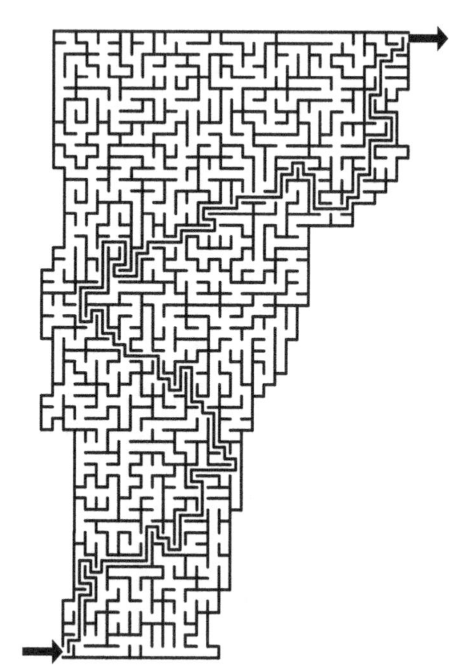

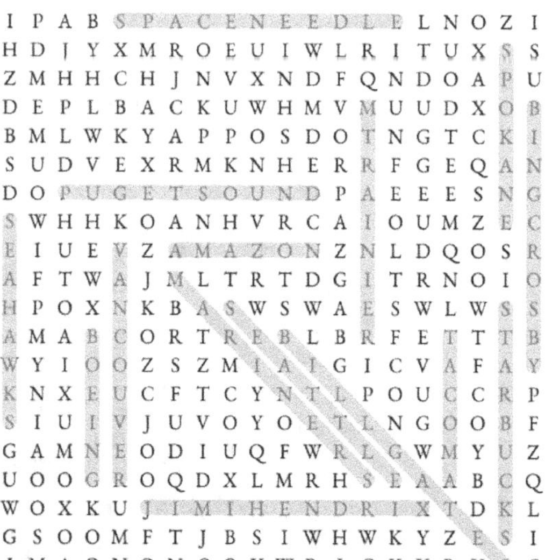

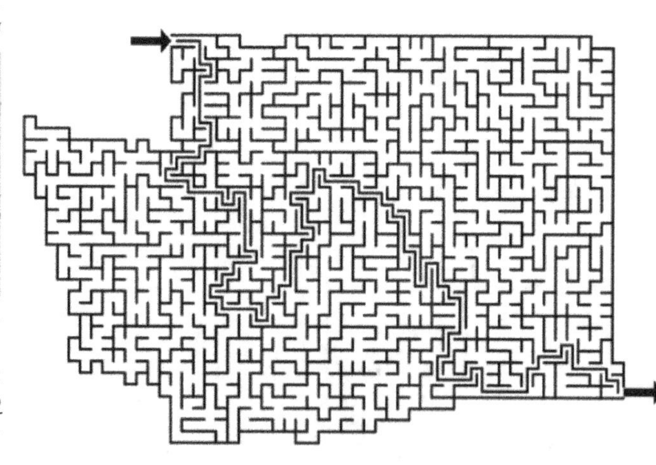

WI

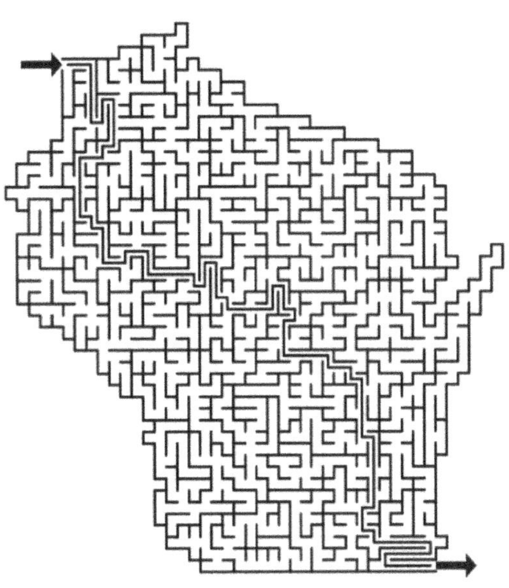

WV

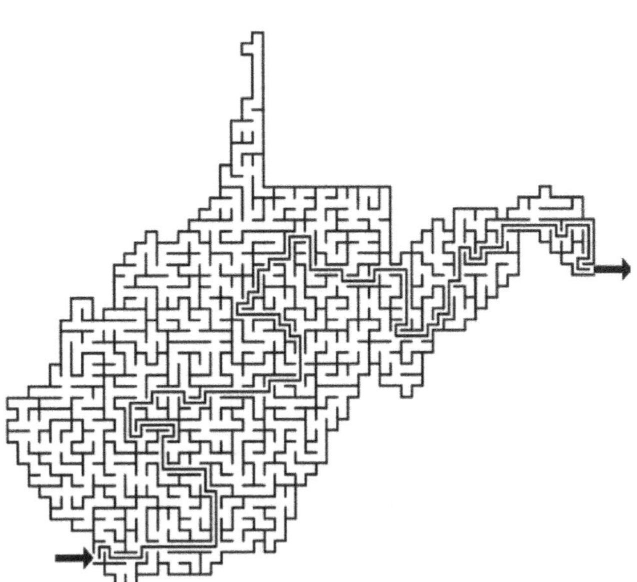

BONUS

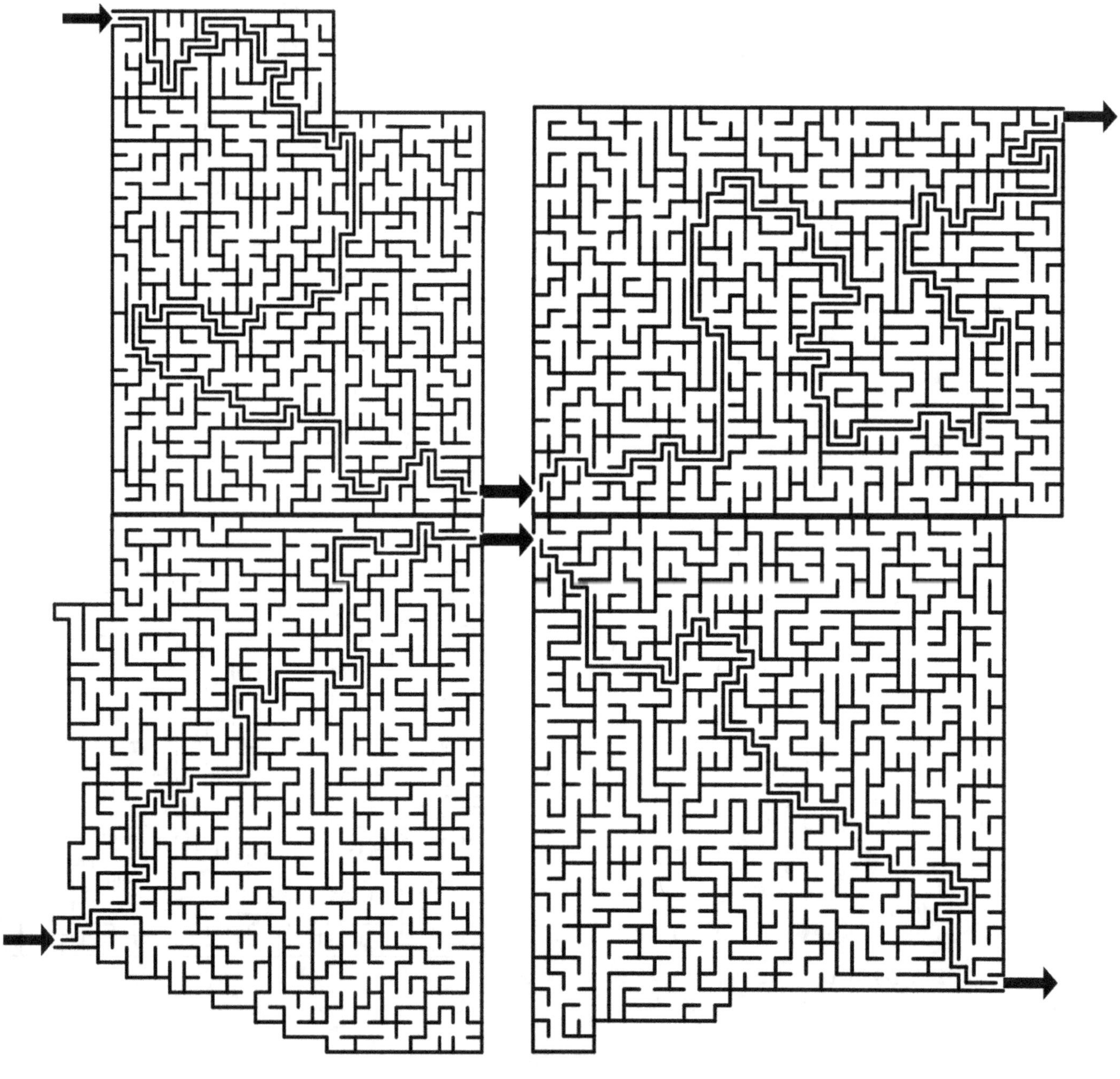

State Capitals

```
P Q O D P A S N A U G U S T A V N C M N
B V K Q L D K G K A J A C K S O N S O C
V P H L M Z B B Q P F F Q Y T M L W Y O
Y X T O I N F M Y M W Z E L U T X G T L
Z I K O N O Q O L Y M P I A E M J R X U
F P W F C O J F Q P R P B O O G A C I M
A Y P R U X L Y E L M U Q Z E H W H J B
X T R A M H Y U D W Q S Y E H E F A Q I
E D A N F Y A E L D M Q X D C P B R K A
M L L K H G X O E U A L V O T J Z L T A
N F E F R S I X Q C I B T U V S R X E O I
T H I O V E P B C E G D P E B X Y S P B
Y M G R G P E P M V Y N P R S F G T E Q
N A H T Y J F N K H R Q L G S I F O K T
G R A V R I C H M O N D W P I R N N A W
G G B N X P S P R I N G F I E L D N V Y
T I J B A A M H S V N M D E N V E R C E
M Y B C G S P C S A C R A M E N T O Z W
E M T U A P T T X C U Y C H G V C T H E
Y T C Z V I S L L M O N T G O M E R Y R
```

State Nicknames

```
S M O T L J O V B S F A B S B Z H E A Q
H O B E A V E R J T N G B Q F T A T N K
M U C D Y L R T T N K Z P E N L S P K A
T N L Q A U K O A B A U U A E A O I L A
K T O Y W G S K Q R S Y C L L H N M L G
Y A C H T M W U N C H Q P O E M I Y Z F
I I N D F U W P L O O E O V N Z E V B A
L N I Z N P S Z M N N N E O C D B T E H
B A M K O Q P J M S F U B L T I B V T J
B L U E G R A S S T M D I U Z T B Z F O
K P M I S O Q T O I C D P N D S T M F Z
G E G G S P I O Y T U R R T H U L I U R
R X Y H A P V S Q U J J A E T N N M G Z
A R F S G Y Y H V T G M I E U B E B V Q
N J Q H T H X O I I X S R R Y G C S T P
I E A P V O F W V O U E Q B R K C T V M
T Y L V O T N M D N M B E C A F A H I T
E A Y X B N T E G I N L A Z P C J R Y V
G R A N D C A N Y O N Q K Y R F D U R F
G O L D E N V X G C F A D D X E R Q L Z
```

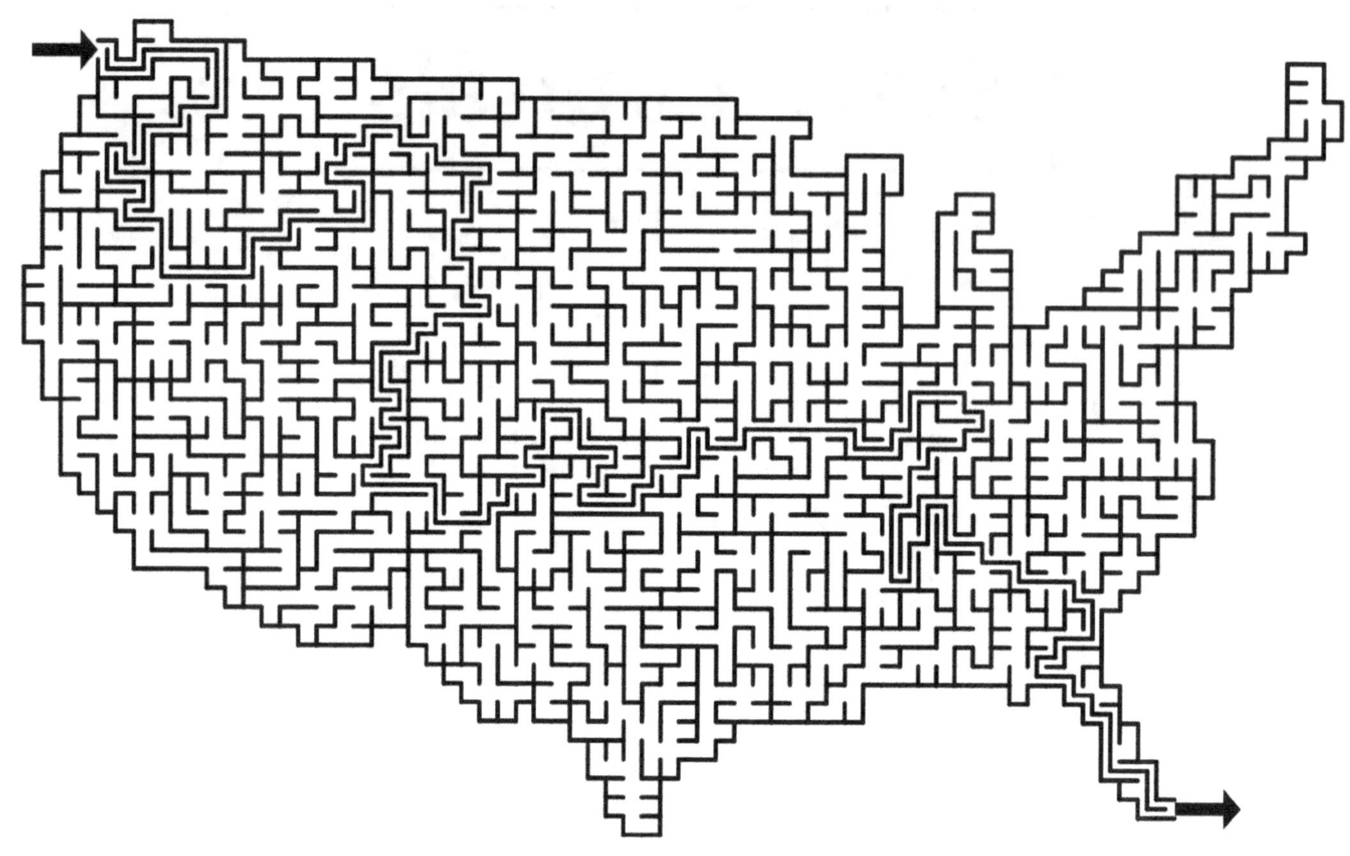

Welcome to the end. Your fun isn't over. It's time to return to each of the state word search and count the number of times the state abbreviation appears in its word search. Which state has the highest number of abbreviations? You may be surprised. Enjoy. L & L

AK		HI		ME		NJ		SD	
AL		IA		MI		NM		TN	
AR		ID		MN		NV		TX	
AZ		IL		MO		NY		UT	
CA		IN		MS		OH		VA	
CO		KS		MT		OK		VT	
CT		KY		NC		OR		WA	
DE		LA		ND		PA		WI	
FL		MA		NE		RI		WV	
GA		MD		NH		SC		WY	

www.ingramcontent.com/pod-product-compliance
Lightning Source LLC
Chambersburg PA
CBHW080720260726
48660CB00010B/3616